山东省社科理论重点研究基地『孔子研究院中外文明交流互鉴研究基地』成果

尼山丛书·国学经典音注

刘续兵 总主编

《论语》正音释读

孔祥安 杨富荣 编注

山东教育出版社
·济南·

图书在版编目（CIP）数据

《论语》正音释读 / 孔祥安，杨富荣编注 . — 济南 ：山东教育出版社，2023. 9（2025.11 重印）
（尼山丛书 · 国学经典音注 / 刘续兵总主编）
ISBN 978-7-5701-2673-6

Ⅰ. ①论… Ⅱ . ①孔… ②杨… Ⅲ . ①《论语》– 青少年读物 Ⅳ . ①B222.2-49

中国国家版本馆 CIP 数据核字（2023）第 173146 号

NISHAN CONGSHU · GUOXUE JINGDIAN YINZHU
《LUNYU》ZHENGYIN SHIDU

尼山丛书 · 国学经典音注　　刘续兵　总主编
《论语》正音释读　　孔祥安　杨富荣　编　注

主管单位：山东出版传媒股份有限公司
出版发行：山东教育出版社
地址：济南市市中区二环南路 2066 号 4 区 1 号　　邮编：250003
电话：（0531）82092660　　网址：www.sjs.com.cn
印　　刷：济南精致印务有限公司
版　　次：2023 年 9 月第 1 版
印　　次：2025 年 11 月第 4 次印刷
开　　本：710 毫米 × 1000 毫米　1/16
印　　张：13
字　　数：195 千
定　　价：52.00 元

（如印装质量有问题，请与印刷厂联系调换）印厂电话：0531-88783898

总序

在五千多年的发展演变中，中华文明形成了自己的突出特性。第一个特性，就是其突出的连续性。

孔子整理“六经”，自称“述而不作”，全面继承了以前两千五百多年的文明成果，这就是所谓的“先孔子而圣者，非孔子无以明”；同时，孔子又以极大的魄力、高深的学识以及在当时条件下对文献资料尽可能丰富的掌握，“以述为作”而又“寓作于述”，使得以“六经”为代表的典籍整理和传承成果，成为以后两千五百多年中华智慧的源泉，这就是所谓的“后孔子而圣者，非孔子无以法”。中华文明的这种连续性，也因经典的生成而具有了无可替代的神圣性。

对“六经”的整理和删定，其实就是孔子的“创造性转化、创新性发展”，这又成为中华文明创新性的最好注脚。实际上，中华文明的所有突出特性，包括统一性、包容性、和平性，既体现在中华民族几千年来的民生日用中，更体现在中华文化核心经典的流传中。

如果说经典的研究离不开学者们在书斋里创作的“高头讲章”，那么文化的传播则需要适应青少年需求、面向更广大国学爱好者群体的“国风”作品。因此，尼山世界儒学中心（中国孔子基金会秘书处）推出了这套国学经典正音释读丛书，力争以“两创”方针为指导，努力推动中华经典进学校、进课程、进头脑，在广大青少年学生的精神世界落地生根。我们这项工作，其实就是接续先贤经注传统、推动文化落地普及的无数探索中的小小一部分。

丛书力图结合青少年可塑性强的特点，以经典中所凝聚的文化精髓，涵养其精神世界。坚持选取“经典中的经典、精华中的精华”原则，编写、出版校勘精良、读音标准、注释准确，以“大字、注释、注音、诵读”为特色的读本，促使国学经典走进青少年和广大国学爱好者的心灵，让更多人爱上传统文化，增强文化自信和民族自豪感。

丛书分别为《大学》《中庸》《论语》《孟子》《诗经》《道德经》等六部经典正音释读，这六部经典是中华文化最重要、最具有基础性意义的典籍。孔子研究院受山东省委宣传部、尼山世界儒学中心（中国孔子基金会秘书处）的委托，组织精干学术力量开展课题研究，确定了如下编写风格：

一、导言为领。每部作品都以“导言”来提纲挈领。如《大学》对于“大学”与“小学”、“大学”与“大人”、《大学》与曾子、《大学》与道统、《大学》与朱子等核心问题的分析，《中庸》对于其作者、流传、结构、思想的介绍，《论语》对于其书名的由来、编纂者、成书时间、流传版本的阐释，《孟子》对于其成书过程、主要思想、推荐读法等问题的思考，《诗经》对于其“源”与“流”、“诗”与“诗三百”、孔子与“诗三百”、“诗三百”与《诗经》、《诗经》与中华文化的关系等内容的梳理，《道德经》对于其研究现状、核心概念、政治哲学、生命哲学及其对后世影响的解读，都努力把握要点，向读者讲清楚这些经典的框架、价值及其在中华文化中的地位。

二、章旨为引。为方便读者更好地理解内容，每部经典的篇章都通过“章旨”的形式进行引导解说，综述篇章大义，阐明相关章节在逻辑、义理上的内在联系，以满足广大读者诵读经典的学习需求，并引出与读者对话的主题，帮助提高阅读效率。读者结合“章旨”阅读正文，可见全书结构的纵横条理。

三、正文为经，注释为纬。《大学》《中庸》《论语》《孟子》采用朱子的《四书章句集注》为底本；《诗经》以《十三经注疏》中的《毛诗正义》为底本，并参照“三家诗”对其中的个别字词进行了修订；《道德经》采用王弼注本为底本，也适当地以河上公本、马王堆帛书本、郭店竹简本与北大汉简本等为参校。改订之处均于注释中做出说明。其中的难字、难词，有针对性地进行了注释，力求精练、准确、易懂。某些字词有多种解释时，除选择编者认可的注释外，也适当提供其他说法，供读者参考，以便留有思索的空间。为使读者更好地了解经典的原貌，在繁简字转化时保留了部分常用的古汉语字词，其中有些不常用的生僻字词也依据底本予以保留，力求做到文本的准确无误。

四、注音为辅。注音以音义俱佳、不失考据为原则，并兼顾现代汉语的读音规则。凡有分歧之处，根据文义，汲取历史上注疏经典的经验做法，尤其是参考和借鉴朱子《四书章句集注》正音读、重释义的注解做法，将每个字的读音标注清楚，以便帮助读者理解字义。对一字多音、不好确定的字，查找权威资料，结合现代读音，反复推敲，以确定最佳读音。

编写过程中，参考了古今学者大量研究成果，以参考文献的方式择要列于书后。受人之泽，不敢隐人之美，特此深致谢忱。

书中肯定有不当之处，恳请读者不吝批评指正。

刘续兵

2023 年 8 月

目录

导言

《论语》是一部采用语录体记载孔子及其弟子、时人言论的儒学要典，是学习、探讨与研究孔子及其儒家思想文化最可靠、最基本的材料。东汉灵帝熹平四年（175年），《论语》与《诗》《书》《礼》《易》《春秋》《公羊传》一起定为“七经”，刊刻《熹平石经》，立于太学，明确获得了经典地位。

一、孔子及《论语》的历史影响

对于孔子，后人评价说：“天不生仲尼，万古如长夜。”对于《论语》，后人说：“半部《论语》治天下。”其实，孔子在世之时就有人认为他是圣人了，只不过孔子不以圣人自许而已。如《论语》记载：

太宰问于子贡曰：“夫子圣者与？何其多能也？”子贡曰：“固天纵之将圣，又多能也。”子闻之，曰：“太宰知我乎！吾少也贱，故多能鄙事。君子多乎哉？不多也。”

子曰：“若圣与仁，则吾岂敢？抑为之不厌，诲人不倦，则可谓云尔已矣。”公西华曰：“正唯弟子不能学也。”

钱穆认为，孔子居圣人之实，辞圣人之名。孔子及其儒家思想在先秦没有受到应有的重视，但在汉代及其以后得到了极大推崇。汉高祖以太牢祭祀孔子，与祭天地日月处于同等地位，表明孔子当时的地位已经很高了。汉文帝时设立传记博士，其中《论语》就置博士，这说明《论语》如同经籍一样受到高度重视。汉武帝时不设传记博士，但读《论语》《孝经》是学习“五经”的前提，这是社会的一种共识。此时《论语》尽管无经之名，但已具有经的权威性了。西汉扬雄认为“经莫大于《易》……传莫大于《论语》”，说明《论语》接近经的地位了。《汉书·艺文志》将《论语》排在“六经”之后、儒家之前。唐君毅认为，孔子不是先秦诸子之一，历史上没有将孔子列在儒家之内，孔子的地位要比儒家更高，处于“上承六艺，下统九流”之中枢地位。董仲舒将孔子和“五经”并列为独尊的地位，他认为“诸不在六艺之科、孔子之术者，皆绝其道，勿使并进”。汉武帝采取“罢黜百家，独尊儒术”的治国之策，孔子及其儒学开始处于独尊的地位。东汉以后，祭祀孔子成为国家祭祀，地位与社稷之祀相同，随之孔子不断受到加封。元代，孔子被封为“大成至圣文宣王”，达到无以复加的尊崇；清代，孔子享有“天下文官祖，历代帝王师”的美称。南宋朱熹章句集注“四书”，“四书”的地位抬升。元明清时期，“四书”的地位甚至超过了“五经”。

二、《论语》书名的由来

关于《论语》书名，《汉书·艺文志》有一段最具代表性的

解释："《论语》者，孔子应答弟子、时人及弟子相与言而接闻于夫子之语也。当时弟子各有所记。夫子既卒，门人相与辑而论纂，故谓之《论语》。"前一句话，说《论语》是一部关于"夫子之语"的书籍，即《论语》一书的记录内容；后一句话，讲《论语》这部书是怎么编纂而成书的，即《论语》一书的编纂方式。就内容而言，一部分记录了孔子回答弟子及当时一些人的话，一部分记录了弟子之间相互讨论以前听到夫子说过的话；就编纂来说，孔子去世后，"门人相与辑而论纂"，即将"夫子之语"加以编辑整理。东汉班固将《论语》中的"论"解释为"辑而论纂"，把"语"解释为孔子与弟子、时人讲的那些话。

对于《论语》之"语"，历史上诸注家没有什么异议。然而对于《论语》之"论"，却有不同看法。班固将"论"解释为"辑而论纂"，即编辑整理之意。东汉刘熙在《释名·释典艺》中说："论，伦也，有伦理也。"把"论"解释成伦理，即有次序、有条理的意思。晋代傅玄在《傅子》里说："昔仲尼既殁，仲弓之徒追论夫子之言，谓之《论语》。"既然是"追论"，自然不是对孔子言行的直接描述，而是需要有一个甄别、选择。"论"与"伦"通假外，又可通"抡"，有选择之意。《说文解字·手部》："抡，择也。"清朱骏声《说文通训定声》："论，假借为抡。"清王念孙疏证："抡、伦、论并通。"那么，《论语》之名就有了"选择"之意。孔子应答弟子、时人的那些话，"当时弟子各有所记"，孔子死去以后，"门人相与辑而论纂"。也就是说，孔子去世后弟子们把各种有关的记录汇总起来。由于弟子所记不同以及存在重复等问题，这就需要有一个对所汇总材料进行甄别、选择的过程，这也说明《论语》是先经选择而后编定成书的。清段玉裁在《说文解字注·言部》中说：“凡言语循其理、得其宜谓之论，故孔门师弟子之言谓之《论语》。”历史上一些注家对“论”的解释，就说明了《论语》书名的由来。

三、《论语》的编纂者及最终成书时间

《论语》一书是谁编纂以及何时成书的呢？班固认为是由“门人相与辑而论纂”，而“门人”在东汉一般认为是学生的学生，就是说《论语》是由孔子学生的学生“辑而论纂”的，这种说法大体上符合《论语》成书的事实。但是，班固没有说明是由孔子的哪门弟子的学生编撰成书的。唐代柳宗元曾提出《论语》一书是由曾子的学生完成的。他在《论语辨》中说：“孔子弟子尝杂记其言，然而卒成其书者，曾氏之徒也。”《孟子》记载，孔子去世后，“子夏、子张、子游以有若似圣人，欲以所事孔子事之，强曾子”，曾子表示坚决反对。《史记·仲尼弟子列传》记载：“孔子既没，弟子思慕。有若状似孔子，弟子相与共立为师，师之如夫子时也。”但是，由于有若不具备相应的学识，遭到孔子众多弟子的反对，尤其是曾子强烈反对。从《论语》记载看，记曾参的话都称其“曾子”，记有若的话尽管也称其“有子”，但很少，而记孔子其他弟子的话都称其字。孔子对曾参说“吾道一以贯之”，其他弟子不理解，只有曾子知道老师所宣扬的道即忠恕之道，这至少说明曾子是把握了孔子思想精髓的。曾子是孔子学生中年纪比较小的，长期居于鲁国，而且又是孔子孙子子思的老师，应该是孔门在鲁国的最适合与最主要的传承人。《泰伯》篇有两章记录曾子死之前的话，这是孔子其他弟子所没有的，也是《论语》中记载最晚的事情，这肯定是由曾子的学生

所记录。从这一个独特记录看，《论语》很有可能是在曾子死后由他的学生编纂成书的。

关于《论语》编纂者，历来有多种看法。一是众多弟子纂辑。东汉经学家赵岐在《孟子题辞》中说："七十子之畴，会集夫子所言，以为《论语》。"二是个别弟子纂辑。东汉郑玄在《论语注·序》中说："仲弓、子游、子夏等撰。"清刘宝楠在《论语正义·附录》中说："《论语》之作，不出一人，故语多重见，而编辑成书，则由仲弓、子游、子夏首为商定。"三是再传弟子纂辑。朱熹《论语集注·序说》引程子说："《论语》之书，成于有子、曾子之门人，故其书独二子以子称。"四是孔门弟子及再传弟子纂辑。柳宗元在《论语辨》中说："孔子弟子尝杂记其言，然而卒成其书者，曾氏之徒也。"钱穆在《论语要略》中说："大抵《论语》所记，自应有一部分为孔子弟子当时亲手所记录者；而全书之纂辑增订，则出于七十子之门人耳。"此外，贾庆超通过研究提出"曾子领纂《论语》说"。杨朝明利用新出竹书论证，认为"《论语》由子思主持完成应当更为合理"。编者认为，《论语》是孔子弟子及其门人共同努力的结果，孔子弟子亲手记录，曾子进行了前期的收集汇编，最终由子思编纂成书。《论语》最终成书当在公元前435年（曾子去世后）至公元前400年（子思去世前）之间。

四、《论语》流传版本及其注疏

《论语》传承过程中，经受了秦朝焚书坑儒，同其他典籍一样受到很大影响。《论语》是凭借经师的口耳记诵传下来的，不同经师传下不同的本子。《汉书·艺文志》载："汉兴，(《论语》)

有齐、鲁之说。”目前，我们知道《论语》主要有四个传本。一是《鲁论语》。它是由鲁国人所传所学的，所以汉代称其《鲁论》。《汉书·艺文志》说《鲁论语》20篇，北宋邢昺《论语注疏》说《鲁论语》的篇次与今传《论语》相同。即是说《鲁论语》与他当时看的《论语》篇名、篇次相同。东汉《熹平石经》中的《论语》就是《鲁论语》，但是刊本今天看不到了。二是《齐论语》。《汉书·艺文志》说《齐论语》有22篇，比《鲁论语》多《问王》和《知道》两篇。曹魏何晏在《论语集解》的序言里说《齐论语》在前二十篇中“章句颇多于《鲁论》”，这说明《齐论语》不仅比《鲁论语》多出两篇，而且前20篇的字句也比《鲁论语》多。三是《古论语》。《汉书·艺文志》载：“鲁共王坏孔子宅，欲以广其宫，而得《古文尚书》及《礼记》《论语》《孝经》凡数十篇，皆古字也。”汉武帝末期，鲁共王拆孔子故宅，得《论语》，因其为古文字，故称《古论语》。《古论语》把《尧曰》分成上下两篇，下篇叫《子张问》，而且篇次也与《鲁论语》《齐论语》有所不同。四是《张侯论》。何晏《论语集解》载：“安昌侯张禹本受《鲁论》”，但“兼讲齐说”。张禹本接受《鲁论语》的传习，但又兼顾《齐论语》的文本特点，择善而从，为当时的人们所看重。《隋书·经籍志》载：“除去《齐论》(中)《问王》《知道》二篇，从《鲁论》二十篇为定，号《张侯论》。”《张侯论》将《鲁论语》20篇作为定本，把《齐论语》中《问王》《知道》两篇去掉，依从了《鲁论语》的文本体系。随后，《张侯论》成为最流行且影响后世最大的《论语》文本。东汉郑玄依据这个本子作注，流传至今。

郑玄以《鲁论语》为篇章基础，参考《齐论语》《古论语》

为《论语》作注。《隋书·经籍志》载：“汉末，郑玄以《张侯论》为本，参考《齐论》《古论》而为之注。”从汉末到隋唐时期，郑注本都是最流行的本子。今天流行的《论语》，主要来源于郑注本。非常可惜的是，郑注本在宋代以后亡佚了。不过，敦煌和吐鲁番出土的《论语》残卷，可以帮助我们看到郑注本的部分面貌。其实，从汉代开始就有很多著名学者的单注本，如汉魏时期孔安国的《论语训解》、何休的《论语注》、马融的《论语训说》、王弼的《论语释疑》等。此后还有许多单注本，不再赘述。诚如陈来所说，这些最杰出的思想家和学者对《论语》的理解注释，汇聚为一条历史文化的长流，也可以说是洪流，这股长流或洪流造就了中华民族、民族文化对孔子的认可和推崇。

随着《论语》注释类著作不断增多，历史上还出现了《论语》的集解本。一是何晏的《论语集解》。何晏把汉代有关《论语》的训说、训解等注释编集成《论语集解》，这是《论语》史上最早的集解性著作。《论语》在汉代开始流传，主要是经师传授，不作训解；从西汉中期开始，出现了注释类著作；到何晏时期，注释类著作已经很多，他依据训解的不同，“集诸家之善”记之。何晏《论语集解》开创了经学注释集解的先河，并将《论语》注疏由汉代的训诂字义转向义理诠释的发展方向。二是皇侃的《论语义疏》。皇侃先对何晏《论语集解》做了一些疏通解释，然后对江熙所集的十三家之中可采取的进行收录，并且对另外通儒的解释也予以采纳。皇侃《论语义疏》进一步扩大了集解的范围，不仅提供了一些汉魏以后难见的资料，也将大量的玄学思想加入《论语》注疏文本之中。三是邢昺的《论语注疏》。宋明时称之《论语正义》，清代中后期称为《论语注疏》。邢昺《论语注疏》中引用何晏《论语集解》的文，叫作“注”；“疏”后面的文字，就是“邢疏”。皇侃的疏，内容比较支离，其中有很多以道家解《论语》的地方，邢疏把这些东西都剪除了，以回归儒学之大义；皇侃的疏，对义理解释不够，邢疏向义理方面做了发展，但这个发展还只是初步的。邢昺向义理方向发展，为程朱义理的注释奠定了基础。四是朱熹的《论语集注》。北宋到南宋用道学的义理重新诠释《论语》，始于二程，集大成于朱熹。朱熹的《论语集注》先训读，次解释大意，再引程子、程门之说，最后以“愚谓”“愚按”补充之。朱熹《论语集注》中的训诂是很仔细的，他批判吸收了汉唐经学正读音、通训诂、考制度、辨名物等有益的地方，用力于精微的义理解释。朱熹在义理解释上既继承了二程解经的道理，又超越了二程“理在解语内”的离经说理，主张“即经求理”。此后，清刘宝楠的《论语正义》是对何晏《论语集解》的注释与疏证，而程树德的《论语集释》可以说是刘宝楠工作的延续。

五、诵读《论语》，参悟孔子

《论语》是中国历史上最受关注和重视的一部书，其地位在中国文化史上是其他典籍所不可替代的，它奠定了中华文明的道德基础，确立了中国人的价值取向，其“己所不欲，勿施于人”的思想观念成为伦理学的黄金法则。我们编注《〈论语〉正音释读》，目的在于引导人们诵读《论语》，参悟其中的修身、做人、做事之道，做新时代的君子。

本次编注《〈论语〉正音释读》，汲取了历史上注疏《论语》的经验做法，尤其是参考与借鉴了朱熹《论语集注》正音读、重

释义的注解做法。具体来讲，首先将每个字的读音标注清楚，让读者正确掌握读音；其次，简洁解释部分字词，帮助读者准确把握文义，以更好地诵读玩味《论语》、领会先哲孔子的教诲。然而，并不是读准了字音与理解了部分字词就能了解孔子的“真精神”，这只不过是一项最基础的功课而已，是读《论语》必须跨过的第一道坎。

孔子说：“学而不思则罔，思而不学则殆。”读《论语》要学思结合，反复思考领悟。二程认为：读《论语》“须熟读玩味”，不仅熟读记忆文本，还要像把玩古董一样随时随地把玩文字，仔细品味，才能与孔子的心灵沟通；同时通过“切己”即自身的思考与体察，慢慢领会孔子“作经之意”，才能参悟出孔子的“真精神”。

在编注《〈论语〉正音释读》的过程中，我们参阅了陈来、王志民两位先生主编的《论语解读》，杨朝明先生主编的《论语诠解》等时贤的一些研究成果，谨在此深表谢忱！本书肯定有不足之处，望读者提出宝贵的意见和建议。

孔祥安

2023 年 5 月 9 日

xué ér dì yī
学而第一

本篇共十六章。首先，记录孔子谈学习、孝道、修身、治国等问题的言论八章；其次，记录有子论仁、礼、信的三章，曾子论修身、孝道的两章，子夏论处世为学之道一章；再者，记录子禽问子贡一章，子贡问孔子一章。

本篇主要围绕学以修身、学以做人、学以处世等问题展开论述，通过谈论孝、悌、忠、信等伦理道德规范，启发教育人们首先要从孝敬父母、友爱兄弟开始做起，进而友爱众人，不断靠近仁德之人，做一个“食无求饱，居无求安，敏于事而慎于言”的好学君子。

学习是人生成长进步的阶梯，是人生的第一要义。孔子强调“学”的重要性，认为“学以成才，学以养德”，只有通过学习才能够成才、成人，才能成为一个德才兼备的人，成为一个有所作为的人，成为一个对国家对社会有用的栋梁之材。

zǐ yuē xué ér shí xí zhī bú yì yuè
1.1 子①曰："学而时习之，不亦说②
hū yǒu péng zì yuǎn fāng lái bú yì lè hū rén bù
乎？有朋③自远方来，不亦乐乎？人不
zhī ér bú yùn bú yì jūn zǐ hū
知而不愠④，不亦君子乎？"

yǒu zǐ yuē qí wéi rén yě xiào tì ér
1.2 有子⑤曰："其为人也孝弟⑥，而
hào fàn shàng zhě xiǎn yǐ bú hào fàn shàng ér hào zuò
好犯上者，鲜⑦矣；不好犯上，而好作
luàn zhě wèi zhī yǒu yě jūn zǐ wù běn běn lì ér dào
乱者，未之有也。君子务本⑧，本立而道
shēng xiào tì yě zhě qí wéi rén zhī běn yú
生。孝弟也者，其为仁之本与⑨！"

zǐ yuē qiǎo yán lìng sè xiǎn yǐ rén
1.3 子曰："巧言令色⑩，鲜矣仁！"

zēng zǐ yuē wú rì sān xǐng wú shēn
1.4 曾子⑪曰："吾日三省⑫吾身：
wèi rén móu ér bù zhōng hū yǔ péng yǒu jiāo ér bú xìn hū
为人谋而不忠乎？与朋友交而不信乎？
chuán bù xí hū
传⑬不习乎？"

①子：古时对男子的尊称。《论语》中"子曰"的"子"是指孔子。②说：通"悦"，欣喜，愉悦。③有朋：通"友朋"，即"朋友"。在同一个老师门下学习的叫"朋"，这里指志同道合的人。④人不知而不愠：别人不了解自己却也不会恼怒。愠，恼怒。⑤有子：孔子的弟子，姓有，名若，字子有，鲁国人。⑥孝弟：孝顺父母，敬爱兄长。弟，通"悌"。⑦鲜：稀有，很少。⑧务本：务，专心致力。本，根本。⑨与：通"欤"，语气词，表示感叹。⑩巧言令色：巧言，好听的话。令色，伪善的面貌。⑪曾子：孔子的弟子，姓曾，名参，字子舆，鲁国人。⑫三省：多次反省、检视。⑬传：老师传授给自己的知识。

zǐ yuē dǎo qiān shèng zhī guó jìng shì ér
1.5 子曰：“道千乘之国①，敬事而
xìn jié yòng ér ài rén shǐ mín yǐ shí
信，节用而爱人，使民以时②。”

zǐ yuē dì zǐ rù zé xiào chū zé tì
1.6 子曰：“弟子③入则孝，出则弟，
jǐn ér xìn fàn ài zhòng ér qīn rén xíng yǒu yú lì
谨而信，泛爱众，而亲仁④。行有余力，
zé yǐ xué wén
则以学文⑤。”

zǐ xià yuē xián xián yì sè shì fù mǔ
1.7 子夏⑥曰：“贤贤⑦易色；事父母，
néng jié qí lì shì jūn néng zhì qí shēn yǔ péng yǒu jiāo
能竭其力；事君，能致其身；与朋友交，
yán ér yǒu xìn suī yuē wèi xué wú bì wèi zhī xué yǐ
言而有信。虽曰未学，吾必谓之学矣。”

zǐ yuē jūn zǐ bú zhòng zé bù wēi xué
1.8 子曰：“君子不重，则不威⑧；学
zé bú gù zhǔ zhōng xìn wú yǒu bù rú jǐ zhě guò
则不固⑨。主忠信。无友不如己者。过
zé wù dàn gǎi
则勿惮改。”

① 道：治理。千乘之国：有一千辆兵车的诸侯国。乘，古代一车四马为一乘。② 使民以时：征用百姓不能违背农时，即在农闲时。③ 弟子：本义指为人弟、为人子者，这里泛指年轻人。④ 亲仁：亲近有仁德的人。⑤ 文：古代文献。⑥ 子夏：孔子的弟子，姓卜，名商，字子夏，晋国人。⑦ 贤贤：尊重有才德的贤人。第一个“贤”为动词，尊重的意思。⑧ 君子不重，则不威：君子不庄重，就缺乏威严。重，庄重。威，威严。⑨ 学则不固：学了就能够不固陋。固，固陋、见识浅薄。

zēng zǐ yuē shèn zhōng zhuī yuǎn mín dé guī
1.9 曾子曰：“慎终追远①，民德归
hòu yǐ
厚矣。”

zǐ qín wèn yú zǐ gòng yuē fū zǐ zhì
1.10 子禽②问于子贡③曰：“夫子至
yú shì bāng yě bì wén qí zhèng qiú zhī yú yì yǔ
于是邦也，必闻其政，求之与？抑④与
zhī yú zǐ gòng yuē fū zǐ wēn liáng gōng jiǎn
之与？”子贡曰：“夫子温、良、恭、俭、
ràng yǐ dé zhī fū zǐ zhī qiú zhī yě qí zhū yì hū rén
让以得之。夫子之求之也，其诸异乎人
zhī qiú zhī yú
之求之与？”

zǐ yuē fù zài guān qí zhì fù mò guān
1.11 子曰：“父在，观其志；父没，观
qí xíng sān nián wú gǎi yú fù zhī dào kě wèi xiào yǐ
其行；三年无改于父之道⑤，可谓孝矣。”

yǒu zǐ yuē lǐ zhī yòng hé wéi guì
1.12 有子曰：“礼之用，和为贵⑥。
xiān wáng zhī dào sī wéi měi xiǎo dà yóu zhī yǒu suǒ
先王之道斯⑦为美，小大由之⑧。有所

① 慎终追远：慎终，丧尽其礼。追远，祭尽其诚。② 子禽：孔子的弟子，姓陈，名亢，字子亢，一字子禽，陈国人。③ 子贡：孔子的弟子，姓端木，名赐，字子贡，卫国人。子贡能言善辩，善于经商，是孔子的得意弟子之一。④ 抑：或者。⑤ 道：父亲生前的所作所为，包括思想和行事。⑥ 礼之用，和为贵：礼的应用，以和谐为贵。礼，礼节、礼仪，是天理之体现、人事之规则。和，和合、和谐。⑦ 斯：这个，指“和为贵”。⑧ 由之：以此为出发点，按照这个原则来处事。

bù xíng zhī hé ér hé bù yǐ lǐ jié zhī yì bù kě
不行，知和而和，不以礼节之，亦不可
xíng yě
行也。”

yǒu zǐ yuē xìn jìn yú yì yán kě fù
1.13 有子曰：“信近于义，言可复①
yě gōng jìn yú lǐ yuǎn chǐ rǔ yě yīn bù shī qí
也；恭近于礼，远耻辱也；因②不失其
qīn yì kě zōng yě
亲，亦可宗③也。”

zǐ yuē jūn zǐ shí wú qiú bǎo jū wú qiú
1.14 子曰：“君子食无求饱，居无求
ān mǐn yú shì ér shèn yú yán jiù yǒu dào ér zhèng yān
安，敏于事而慎于言，就有道而正焉④，
kě wèi hào xué yě yǐ
可谓好学也已。”

zǐ gòng yuē pín ér wú chǎn fù ér wú
1.15 子贡曰：“贫而无谄，富而无
jiāo hé rú zǐ yuē kě yě wèi ruò pín ér lè
骄，何如？”子曰：“可也。未若贫而乐⑤，
fù ér hào lǐ zhě yě zǐ gòng yuē shī yún
富而好礼者也。”子贡曰：“《诗》云：
rú qiē rú cuō rú zhuó rú mó qí sī zhī wèi
‘如切如磋，如琢如磨⑥。’其斯之谓

① 复：实现诺言。② 因：凭借，依靠。③ 宗：尊崇，崇敬，引申为依靠。④ 就：靠近。正：矫正，匡正。⑤ 贫而乐：贫困时好学乐道。⑥ 如切如磋，如琢如磨：出自《诗经·卫风·淇奥》。切、磋、琢、磨，指对骨、象牙、玉、石四种材料的加工，比喻在道德学问上的磨砺研修。切，切断。磋，锉平。琢，雕刻。磨，磨光。

yú zǐ yuē cì yě shǐ kě yǔ yán shī yǐ
与？”子曰：“赐也，始可与言《诗》已
yǐ gào zhū wǎng ér zhī lái zhě
矣，告诸往而知来者。”

zǐ yuē bú huàn rén zhī bù jǐ zhī huàn
1.16 子曰：“不患①人之不己知，患
bù zhī rén yě
不知人也。”

①患：担心，忧虑。

wéi zhèng dì èr
为政第二

本篇共二十四章。首先，记录孔子谈论为政、《诗经》、人生阶段、察人、君子、学习、诚信、勇气等问题的言论十四章；其次，记录孔子回答弟子孟懿子、孟武伯、子游、子夏问孝的言论四章，回答弟子子贡问君子一章，回答子张问政二章；再者，记录孔子回答鲁哀公、季康子问为政二章，时人问孔子“子奚不为政”一章。

本篇围绕“为政以德”这一儒家政治思想的总纲展开论述，指出道德教化比行政命令具有治国理政上的优越性与优先性，同时通过谈论《诗经》、孝、察人、君子、学习“干禄”、对待民众及讲究诚信等有关为政的问题，提醒为政者明确人生志向，了解人生不同阶段的使命任务，尤其应该做到孝敬父母、友爱兄弟。如果能把这种对待父母与兄弟的情感与爱心，推广应用到社会其他人身上，也就是参与社会政治管理了。

孔子提倡“为政以德”，认为一个合格的为政者既要有过硬的道德素养，也要具备完成各种政务所需要的多方面才能，强调为政者应不断学习，提升自身道德素养，增长自身才干，做到“君子不器”。孔子特别强调为政者应具有正确的世界观、人生观、价值观，不要“攻乎异端”，误入人生歧途，以免给社会和民众带来不应有的影响与危害。不仅如此，孔子还要为政者注意察人、使用贤能之人，做到讲究诚信、见义勇为，通过以德为政的实践，实现“众星共之”的政治效果。

zǐ yuē wéi zhèng yǐ dé pì rú běi chén
2.1 子曰："为政以德，譬如北辰①，
jū qí suǒ ér zhòng xīng gǒng zhī
居其所而众星共②之。"

zǐ yuē shī sān bǎi yì yán yǐ bì
2.2 子曰："《诗》三百③，一言以蔽④
zhī yuē sī wú xié
之，曰'思无邪⑤'。"

zǐ yuē dǎo zhī yǐ zhèng qí zhī yǐ xíng
2.3 子曰："道之以政，齐之以刑⑥，
mín miǎn ér wú chǐ dǎo zhī yǐ dé qí zhī yǐ lǐ yǒu
民免而无耻⑦；道之以德，齐之以礼，有
chǐ qiě gé
耻且格⑧。"

zǐ yuē wú shí yòu wǔ ér zhì yú xué sān
2.4 子曰："吾十有⑨五而志于学，三
shí ér lì sì shí ér bú huò wǔ shí ér zhī tiān mìng liù
十而立，四十而不惑⑩，五十而知天命⑪，六
shí ér ěr shùn qī shí ér cóng xīn suǒ yù bù yú jǔ
十而耳顺，七十而从心所欲，不逾矩⑫。"

①北辰：北极星。《朱子语类》说："以其居中不动而言，是天之枢轴。"②共：通"拱"，环绕。③《诗》三百：《诗经》实有三百零五篇，这里取其整数。④蔽：概括。⑤思无邪：思想纯真而没有邪念。出自《诗经·鲁颂》。⑥齐之以刑：采用刑罚来约束民众。齐，规范、统一。⑦免而无耻：只求免于受罚，而没有羞耻之心。耻，羞耻之心。⑧有耻且格：有是非之心而且真心归正。格，正，百姓能走正道、守规矩。⑨有：通"又"。⑩不惑：知道事物本来的样子，没有疑惑，不被迷惑。⑪知天命：认识到了天道运行的规律。天命，历来注解很多，孔子把人力所不能支配的事归于天命，这是孔子思想中的一个重要概念。⑫逾：越过。矩：规矩。

mèng yì zǐ wèn xiào zǐ yuē wú wéi
2.5 孟懿子①问孝。子曰："无违。"

fán chí yù zǐ gào zhī yuē mèng sūn wèn xiào yú
樊迟②御，子告之曰："孟孙③问孝于

wǒ wǒ duì yuē wú wéi fán chí yuē hé wèi yě
我，我对曰'无违'。"樊迟曰："何谓也？"

zǐ yuē shēng shì zhī yǐ lǐ sǐ zàng zhī yǐ lǐ
子曰："生，事之以礼；死，葬之以礼，

jì zhī yǐ lǐ
祭之以礼。"

mèng wǔ bó wèn xiào zǐ yuē fù mǔ wéi
2.6 孟武伯④问孝。子曰："父母唯

qí jí zhī yōu
其疾之忧⑤。"

zǐ yóu wèn xiào zǐ yuē jīn zhī xiào zhě
2.7 子游⑥问孝。子曰："今之孝者，

shì wèi néng yǎng zhì yú quǎn mǎ jiē néng yǒu yǎng bú
是谓能养。至于犬马，皆能有养；不

jìng hé yǐ bié hū
敬，何以别乎？"

zǐ xià wèn xiào zǐ yuē sè nán yǒu
2.8 子夏问孝。子曰："色难⑦。有

① 孟懿子：鲁国大夫，姓仲孙，名何忌，"懿"为其谥号。据《左传·昭公七年》记载，他的父亲孟僖子临终前，嘱咐他向孔子学礼。② 樊迟：孔子弟子，姓樊，名须，字子迟，鲁国人（一说齐国人）。③ 孟孙：指孟懿子。④ 孟武伯：孟懿子的儿子，名彘，"武"是其谥号。⑤ 父母唯其疾之忧：有几种解释。一、父母爱子，无所不至，唯恐其有疾病，子女能体会父母这种心情，在日常生活中谨慎小心，就是孝；二、做子女的要使父母只为自己的疾病担忧，不必为自己其他方面的事担忧；三、子女只应以父母的疾病为忧，其他不宜过多操心。⑥ 子游：孔子弟子，姓言，名偃，字子游，吴国人。⑦ 色难：和颜悦色比较难。色，脸色，给父母好脸色。

shì dì zǐ fú qí láo yǒu jiǔ shí xiān shēng zhuàn zēng
事，弟子服其劳；有酒食，先生①馔，曾
shì yǐ wéi xiào hū
是②以为孝乎？”

zǐ yuē wú yǔ huí yán zhōng rì bù wéi
2.9 子曰：“吾与回言终日，不违③
rú yú tuì ér xǐng qí sī yì zú yǐ fā huí
如愚。退而省其私④，亦足以发⑤。回
yě bù yú
也不愚。”

zǐ yuē shì qí suǒ yǐ guān qí suǒ yóu
2.10 子曰：“视其所以，观其所由，
chá qí suǒ ān rén yān sōu zāi rén yān sōu zāi
察其所安⑥。人焉廋⑦哉？人焉廋哉？”

zǐ yuē wēn gù ér zhī xīn kě yǐ wéi shī
2.11 子曰：“温故而知新，可以为师
yǐ
矣。”

zǐ yuē jūn zǐ bú qì
2.12 子曰：“君子不器⑧。”

zǐ gòng wèn jūn zǐ zǐ yuē xiān xíng qí
2.13 子贡问君子。子曰：“先行其
yán ér hòu cóng zhī
言而后从之。”

① 先生：泛指长辈，这里指父母。② 曾是：曾，副词，难道、竟然。是，代词，此、这个。③ 不违：不提出不同的意见和想法。④ 退而省其私：观察他与其他学生私下讨论学问时的言行。⑤ 发：发明，阐发，指理解得很到位。⑥ 所以：做事的出发点、动机。所由：所经由的道路、途径。所安：乐于做、安心做的事。⑦ 廋：藏匿，隐藏。⑧ 器：器皿，器具。君子应博学多能，不局限于某一项技能。

zǐ yuē jūn zǐ zhōu ér bù bǐ xiǎo rén
2.14 子曰：“君子周而不比①，小人
bǐ ér bù zhōu
比而不周。”

zǐ yuē xué ér bù sī zé wǎng sī ér
2.15 子曰：“学而不思则罔，思而
bù xué zé dài
不学则殆②。”

zǐ yuē gōng hū yì duān sī hài yě
2.16 子曰：“攻乎异端③，斯④害也
yǐ
已。”

zǐ yuē yóu huì rǔ zhī zhī hū
2.17 子曰：“由⑤！诲女⑥知之乎！
zhī zhī wéi zhī zhī bù zhī wéi bù zhī shì zhì yě
知之为知之，不知为不知，是知⑦也。”

zǐ zhāng xué gān lù zǐ yuē duō wén
2.18 子张⑧学干禄⑨。子曰：“多闻
quē yí shèn yán qí yú zé guǎ yóu duō jiàn quē dài
阙疑，慎言其余，则寡尤⑩；多见阙殆，

①周：亲近，相合。比：勾结，以私利相亲。②罔：迷惘。殆：疑惑。③攻：专治，致力，用功。异端：偏离正道的歪理、邪说。④斯：代词，这。⑤由：孔子弟子，姓仲，名由，字子路，一字季路，鲁国人。子路喜强好勇，性情直爽率真，是孔子喜爱的弟子之一。⑥女：通“汝”，你。⑦知：通“智”，智慧。⑧子张：孔子弟子，姓颛孙，名师，字子张，陈国人。典籍中记载他多次向孔子请教政事的话题。⑨干禄：求取官位俸禄。干，求取。禄，俸禄。⑩阙疑：存疑。寡尤：减少过失。尤，错误、过失。

shèn xíng qí yú zé guǎ huǐ yán guǎ yóu xíng guǎ huǐ
慎行其余，则寡悔①。言寡尤，行寡悔，
lù zài qí zhōng yǐ
禄在其中矣。”

āi gōng wèn yuē hé wéi zé mín fú
2.19 哀公②问曰：“何为则民服？”
kǒng zǐ duì yuē jǔ zhí cuò zhū wǎng zé mín fú jǔ
孔子对曰：“举直错诸枉③，则民服；举
wǎng cuò zhū zhí zé mín bù fú
枉错诸直，则民不服。”

jì kāng zǐ wèn shǐ mín jìng zhōng yǐ quàn
2.20 季康子④问：“使民敬、忠以劝⑤，
rú zhī hé zǐ yuē lín zhī yǐ zhuāng zé jìng xiào cí
如之何？”子曰：“临之以庄，则敬；孝慈，
zé zhōng jǔ shàn ér jiào bù néng zé quàn
则忠；举善而教不能，则劝。”

huò wèi kǒng zǐ yuē zǐ xī bù wéi zhèng zǐ
2.21 或谓孔子曰：“子奚不为政？”子
yuē shū yún xiào hū wéi xiào yǒu yú xiōng dì
曰：“《书》⑥云：‘孝乎惟孝，友于兄弟，
shī yú yǒu zhèng shì yì wéi zhèng xī qí wéi wéi zhèng
施于有政⑦。’是亦为政，奚其为为政？”

① 殆：怀疑。寡悔：减少后悔。② 哀公：鲁国国君，鲁定公之子，名蒋，“哀”是其谥号。③ 举直错诸枉：提拔正直的人，将其放在邪曲的人之上。④ 季康子：鲁国大夫，姓季孙，名肥，“康”是其谥号。⑤ 劝：勉励，这里是自勉努力的意思。⑥《书》：《尚书》。⑦ 孝乎惟孝，友于兄弟，施于有政：孝敬父母，友爱兄弟，将这种风气影响到公卿大臣。出自《古文尚书·君陈》，原文是：“孝恭惟孝，友于兄弟，克施有政。”惟孝，应当孝敬的人，指父母。友于兄弟，兄弟之间友爱。施，影响、延及。

zǐ yuē rén ér wú xìn bù zhī qí kě yě

2.22 子曰："人而无信，不知其可也。

dà chē wú ní xiǎo chē wú yuè qí hé yǐ xíng zhī zāi

大车无輗，小车无軏①，其何以行之哉？"

zǐ zhāng wèn shí shì kě zhī yě zǐ

2.23 子张问："十世可知也②？"子

yuē yīn yīn yú xià lǐ suǒ sǔn yì kě zhī yě

曰："殷因于夏礼，所损益③，可知也；

zhōu yīn yú yīn lǐ suǒ sǔn yì kě zhī yě qí huò jì

周因于殷礼，所损益，可知也。其或继

zhōu zhě suī bǎi shì kě zhī yě

周者，虽百世，可知也。"

zǐ yuē fēi qí guǐ ér jì zhī chǎn yě

2.24 子曰："非其鬼④而祭之，谄也。

jiàn yì bù wéi wú yǒng yě

见义不为，无勇也。"

①輗、軏：古时大车指牛车，小车指马车，两种车的车辕前面都有一道驾牲口的横木，横木两端和车辕相连的木销，分别叫輗和軏。②十世可知也：十代以后的事能不能预先知道。世，一作三十年为一世，一作一代为一世，这里指一代。③因：继承，因袭。损益：减少和增加，指变动的意思。④鬼：去世的祖先。

bā yì dì sān
八佾第三

本篇共二十六章。首先，记录孔子的言论十六章；其次，记录孔子与其弟子林放、冉有、子夏、子贡谈论有关礼的言论四章；再者，记录鲁定公问君臣之礼一章，孔子评价宰我回答鲁哀公一章，孔子回答王孙贾等时人之问三章，仪封人评价孔子一章。

本篇主要围绕祭礼、丧礼、射礼、君臣之礼等有关礼的问题展开论述。孔子对季氏“八佾舞于庭”、祭祀泰山，以及孟孙、叔孙、季孙用天子之乐的僭越礼制行为表示深恶痛绝，提出了儒家的核心思想“仁”，对礼之本展开了论述。礼之本原不是外在形式的烦琐奢华，而是内在本质的质朴情感。如丧礼，不在于外在的奢侈铺张，而在于内在的哀戚之心。基于此，孔子对射礼、祭礼与弟子、时人展开讨论，要人们诚心祭祀，反对弟子废弃“告朔”之礼，对管仲不知礼的行为给予严厉批判，对为政者“居上不宽，为礼不敬，临哀不丧”的无礼行为大加指责。孔子称赞《韶》乐尽善尽美，提倡用礼乐制度拯救礼坏乐崩的春秋乱世，仪封人称他为“木铎”。

孔子认为夏、商、周三代之礼是一个不断损益发展的关系，周公继承发展了夏、商之礼而制定出更加充实灿烂的周代礼乐制度。孔子对周公的制礼作乐大加赞赏，并且效仿周公制礼作乐而建构春秋末期的礼乐制度，以改变天下无道的动荡社会。

3.1 孔子谓季氏："八佾①舞于庭，是可忍也，孰不可忍也？"

3.2 三家②者以《雍》彻③。子曰："'相维辟公，天子穆穆'④，奚取⑤于三家之堂？"

3.3 子曰："人而不仁，如礼何？人而不仁，如乐何？"

3.4 林放⑥问礼之本。子曰："大哉问！礼，与其奢也，宁俭；丧，与其易⑦也，宁戚⑧。"

3.5 子曰："夷狄⑨之有君，不如诸夏⑩之亡⑪也。"

① 八佾：周代天子用的舞乐，舞队由纵横各八人组成。依周代祭祀礼仪，天子八佾，诸侯六佾，大夫四佾，士二佾。佾，行列。② 三家：鲁国当政大夫，即孟孙、叔孙、季孙三家。③《雍》：是周天子举行祭礼撤祭品时唱的诗，诸侯、大夫使用，就是僭越。《雍》为《诗经·周颂》中的一篇。彻：通"撤"。④ 辟公：指诸侯。穆穆：深远、端庄肃穆，形容天子的仪态。⑤ 奚取：奚，疑问词，怎么、为什么。取，取用、采用。⑥ 林放：孔子弟子，姓林，名放，子子丘，鲁国人。⑦ 易：两种解释。一、平易，谦和；二、治办周到。⑧ 戚：心里哀戚。⑨ 夷狄：古时对异族的称呼。⑩ 诸夏：古时汉族自称诸夏，或华夏。⑪ 亡：通"无"。

jì shì lǚ yú tài shān zǐ wèi rǎn yǒu yuē

3.6 季氏旅于泰山①。子谓冉有曰：

rǔ fú néng jiù yú duì yuē bù néng zǐ yuē

“女弗能救与？”对曰：“不能。”子曰：

wū hū zēng wèi tài shān bù rú lín fàng hū

“呜呼！曾谓泰山不如林放乎②？”

zǐ yuē jūn zǐ wú suǒ zhēng bì yě shè hū

3.7 子曰：“君子无所争，必也射③乎！

yī ràng ér shēng xià ér yǐn qí zhēng yě jūn zǐ

揖让④而升，下而饮，其争也君子。”

zǐ xià wèn yuē qiǎo xiào qiàn xī měi mù

3.8 子夏问曰：“‘巧笑倩兮，美目

pàn xī sù yǐ wéi xuàn xī hé wèi yě zǐ yuē

盼兮，素以为绚兮⑤。’何谓也？”子曰：

huì shì hòu sù yuē lǐ hòu hū zǐ yuē

“绘事后素⑥。”曰：“礼后乎？”子曰：

qǐ yú zhě shāng yě shǐ kě yǔ yán shī yǐ yǐ

“起予者商也！始可与言《诗》已矣。”

zǐ yuē xià lǐ wú néng yán zhī qǐ bù zú

3.9 子曰：“夏礼，吾能言之，杞不足

①旅于泰山：祭祀泰山。按照周朝礼制，只有天子才有资格祭祀天下名川大山，诸侯只能祭祀封地内的山川。季氏祭祀泰山，是僭越礼制的行为。②曾谓泰山不如林放乎：泰山神难道还不如林放知礼吗？它怎么会接受这非礼的祭祀呢？③射：古代的射礼。④揖让：作揖谦让。⑤巧笑倩兮，美目盼兮，素以为绚兮：美人的笑靥是多么可人啊，她美丽的眼睛黑白分明啊，就像洁白的底子上绘着多彩的花纹。出自《诗经·卫风·硕人》。倩，脸上露出笑靥（酒窝）。盼，眼睛黑白分明的样子。绚，有文采。⑥绘事后素：先有白色的底子，然后再画上画。

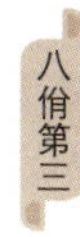

zhēng yě yīn lǐ wú néng yán zhī sòng bù zú zhēng yě
征也；殷礼，吾能言之，宋不足征也①。
wén xiàn bù zú gù yě zú zé wú néng zhēng zhī yǐ
文献②不足故也。足，则吾能征之矣。”

zǐ yuē dì zì jì guàn ér wǎng zhě
3.10 子曰：“禘③自既灌④而往者，
wú bú yù guān zhī yǐ
吾不欲观之矣。”

huò wèn dì zhī shuō zǐ yuē bù zhī yě
3.11 或问禘之说。子曰：“不知也。
zhī qí shuō zhě zhī yú tiān xià yě qí rú shì zhū sī hū
知其说者之于天下也，其如示诸斯乎！”
zhǐ qí zhǎng
指其掌。

jì rú zài jì shén rú shén zài zǐ yuē wú
3.12 祭如在，祭神如神在。子曰：“吾
bú yù jì rú bú jì
不与⑤祭，如不祭。”

wáng sūn jiǎ wèn yuē yǔ qí mèi yú ào
3.13 王孙贾⑥问曰：“与其媚于奥，
nìng mèi yú zào hé wèi yě zǐ yuē bù rán
宁媚于灶⑦，何谓也？”子曰：“不然。

① 杞、宋：春秋时期二国名，杞是夏禹的后裔，宋是商汤的后裔。征：证明。② 文献：文指历代典籍，献指熟悉历代典籍的贤人。与现在文献只指典籍不同。③ 禘：周朝天子和诸侯祭祖的大祭。④ 灌：禘礼中第一次献酒。⑤ 与：参与。⑥ 王孙贾：卫国大夫。⑦ 与其媚于奥，宁媚于灶：与其献媚于奥，不如求媚于灶。奥、灶，都是隐喻。奥，居室的西南角，古时是家中尊者居住的地方，也是祭神的方位，喻指内廷的近臣。灶，烹饪做饭的地方，引申为灶神，喻指当权用事之人。

huò zuì yú tiān wú suǒ dǎo yě
获罪于天，无所祷也。”

zǐ yuē zhōu jiàn yú èr dài yù yù
3.14 子曰：“周监于二代①，郁郁②

hū wén zāi wú cóng zhōu
乎文哉！吾从周。”

zǐ rù tài miào měi shì wèn huò yuē shú
3.15 子入太庙，每事问。或曰：“孰

wèi zōu rén zhī zǐ zhī lǐ hū rù tài miào měi shì wèn
谓鄹人③之子知礼乎？入太庙，每事问。”

zǐ wén zhī yuē shì lǐ yě
子闻之，曰：“是礼也。”

zǐ yuē shè bù zhǔ pí wèi lì bù tóng
3.16 子曰：“射不主皮④，为力不同

kē gǔ zhī dào yě
科⑤，古之道也。”

zǐ gòng yù qù gào shuò zhī xì yáng zǐ yuē
3.17 子贡欲去告朔之饩羊⑥。子曰：

cì yě ěr ài qí yáng wǒ ài qí lǐ
“赐也！尔爱其羊，我爱其礼。”

①周监于二代：周朝的礼仪制度借鉴了夏、商二代的文化。监，通“鉴”。二代，夏、商二代。②郁郁：文采盛貌。③鄹人：指孔子的父亲叔梁纥，他曾做过鄹邑大夫。鄹，地名，在曲阜东南。④射不主皮：按古代射礼，主要看是否射中箭靶，不是以能否射穿箭靶为主。皮，箭靶。⑤为力不同科：因为各人力气大小不同。科，等级。⑥告朔之饩羊：周礼，天子在每年冬十二月，向诸侯颁发第二年的历书，内容包括有无闰月、每月的初一是哪一天等，称为“颁告朔”。诸侯接受历书，藏于祖庙。每逢初一，要杀一只羊，祭于祖庙，称“告朔”，然后回朝听政，称“视朔”或“听朔”。当时鲁国国君已不再亲临祖庙，告朔之礼已名存实亡，但每到初一还会杀一只羊供奉祖庙，子贡认为这是徒有形式，不如连羊也不杀。朔，农历每月初一。饩羊，杀而不烹的羊。

zǐ yuē shì jūn jìn lǐ rén yǐ wéi chǎn yě
3.18 子曰："事君尽礼，人以为谄也。"

dìng gōng wèn jūn shǐ chén chén shì jūn rú zhī hé kǒng zǐ duì yuē jūn shǐ chén yǐ lǐ chén shì jūn yǐ zhōng
3.19 定公①问："君使臣，臣事君，如之何？"孔子对曰："君使臣以礼，臣事君以忠。"

zǐ yuē guān jū lè ér bù yín āi ér bù shāng
3.20 子曰："《关雎》②乐而不淫，哀而不伤③。"

āi gōng wèn shè yú zǎi wǒ zǎi wǒ duì yuē xià hòu shì yǐ sōng yīn rén yǐ bǎi zhōu rén yǐ lì yuē shǐ mín zhàn lì zǐ wén zhī yuē chéng shì bù shuō suì shì bú jiàn jì wǎng bú jiù
3.21 哀公问社④于宰我⑤。宰我对曰："夏后氏以松，殷人以柏，周人以栗，曰：使民战栗⑥。"子闻之，曰："成事不说，遂事不谏⑦，既往不咎。"

zǐ yuē guǎn zhòng zhī qì xiǎo zāi huò
3.22 子曰："管仲⑧之器小哉！"或

① 定公：鲁国国君，名宋，定是谥号。②《关雎》：《诗经·国风》首篇，得性情之正，在很大程度上奠定了《诗经》及孔子诗教的主旋律。③ 乐而不淫，哀而不伤：快乐而不放荡，悲哀而不伤情。④ 社：土地神。⑤ 宰我：孔子弟子，姓宰，名予，字子我，鲁国人。⑥ 战栗：恐惧。⑦ 遂事不谏：遂事，已经做的事、无法挽回的事。谏，规劝、挽回。 ⑧ 管仲：齐桓公的宰相，姬姓，管氏，名夷吾，字仲，谥敬。

yuē guǎn zhòng jiǎn hū yuē guǎn shì yǒu sān
曰："管仲俭乎？"曰："管氏有三

guī guān shì bú shè yān dé jiǎn rán zé guǎn
归①，官事不摄②，焉得俭？""然则管

zhòng zhī lǐ hū yuē bāng jūn shù sè mén guǎn
仲知礼乎？"曰："邦君树塞门③，管

shì yì shù sè mén bāng jūn wèi liǎng jūn zhī hǎo yǒu fǎn
氏亦树塞门。邦君为两君之好，有反

diàn guǎn shì yì yǒu fǎn diàn guǎn shì ér zhī lǐ shú
坫④，管氏亦有反坫。管氏而知礼，孰

bù zhī lǐ
不知礼？"

zǐ yù lǔ tài shī yuè yuē yuè qí kě
3.23 子语鲁太师乐⑤，曰："乐其可

zhī yě shǐ zuò xī rú yě zòng zhī chún rú yě
知也：始作，翕如⑥也；从之，纯如也，

jiǎo rú yě yì rú yě yǐ chéng
皦如也，绎如也⑦，以成。"

yí fēng rén qǐng jiàn yuē jūn zǐ zhī zhì
3.24 仪封人⑧请见。曰："君子之至

yú sī yě wú wèi cháng bù dé jiàn yě cóng zhě jiàn zhī
于斯也，吾未尝不得见也。"从者见之⑨。

① 三归：管仲有三处府第可归。② 摄：兼任。③ 树塞门：古礼天子诸侯在门口立小墙遮蔽视线，用以间隔内外。塞，遮蔽。④ 反坫：置放礼器、酒具的土台，在两楹之间。⑤ 语：告诉。太师：乐师之长。⑥ 翕如：乐声起貌。翕，合。⑦ 从：放开，展开。纯：和谐，指乐曲清纯。皦：节奏分明，乐调明快。绎：绵延不断，余音袅袅。⑧ 仪封人：仪地方的长官。仪，地名。封人，镇守边疆的官。⑨ 从者见之：随从的学生引他见孔子。

chū yuē èr sān zǐ hé huàn yú sàng hū tiān xià zhī
出曰："二三子何患于丧①乎？天下之
wú dào yě jiǔ yǐ tiān jiāng yǐ fū zǐ wéi mù duó
无道也久矣，天将以夫子为木铎②。"

zǐ wèi sháo jìn měi yǐ yòu jìn shàn
3.25 子谓《韶》③："尽美矣，又尽善
yě wèi wǔ jìn měi yǐ wèi jìn shàn yě
也④。"谓《武》⑤："尽美矣，未尽善也。"

zǐ yuē jū shàng bù kuān wéi lǐ bú jìng
3.26 子曰："居上不宽，为礼不敬，
lín sāng bù āi wú hé yǐ guān zhī zāi
临丧不哀，吾何以观之哉？"

① 丧：失位去国。② 木铎：金口木舌的铜铃。古代天子发布政教法令时摇木铎来召集百姓。③《韶》：舜时乐曲名。④ 美、善：美，指乐曲音调、舞蹈的形式而言。善，指乐舞的思想内容而言。武王以征伐取得天下，故下文讲其未尽善。⑤《武》：武王时乐曲。

lǐ rén dì sì 里仁第四

本篇共二十六章。首先，记录孔子的言论二十四章；其次，记录孔子与曾子问答一章，子游论述君臣、朋友相处之道一章。

本篇主要围绕儒家的核心思想“仁”展开论述，通过对里仁、不仁者、仁者、志于仁、仁者对富贵与贫贱的态度、行仁之难易等的描述，告诉人们“仁”具有多层次、动态性的内涵，应从整体上对仁的丰富内涵及要求予以理解与把握。孔子毕生追求修己安人之道，即仁（人）道，并以“朝闻道，夕死可矣”的执着精神追求仁道。他提醒人们志于道就应亲近仁义之人，做到安贫乐道，不要一味追逐物质利益；鼓励君子修身进德，自觉践行孝道，做到“见贤思齐”“讷于言而敏于行”，用仁德待人，以礼让治国，推进整个社会仁爱有序。

孔子把仁视为人之为人的本质，并创立了以仁学为核心的儒家思想学说。仁是儒家伦理道德思想体系的最高规范原则，也是儒家个体道德修养的最高境界。在中国古代社会，仁被列为“五常”之首，被视为“众善之源，百行之本”，这不仅奠定了中国传统社会伦理道德建设的基础与基调，也形成了中国传统伦理道德“讲仁爱”的重要特色。

4.1 子曰：“里仁[①]为美，择不处仁，焉得知？”

4.2 子曰：“不仁者不可以久处约[②]，不可以长处乐[③]。仁者安仁，知者利仁[④]。”

4.3 子曰：“唯仁者能好人，能恶人[⑤]。”

4.4 子曰：“苟志于仁矣，无恶[⑥]也。”

4.5 子曰：“富与贵是人之所欲也，不以其道得之，不处也；贫与贱是人之所恶也，不以其道得之，不去也。君子去仁，恶[⑦]乎成名？君子无终食之间违仁，造次[⑧]必于是，颠沛[⑨]必于是。”

①里仁：居住在有仁者（或有仁厚道德风气）的地方。里，街巷、里弄。②约：简约，困顿。③乐：安乐，富贵。④仁者安仁，知者利仁：有仁德的人以行仁为安，有智慧的人以行仁为利。安仁，以行仁为安。利仁，以行仁为利。⑤好：喜爱。恶：厌恶。仁者无私心，好恶符合理，公正无私。⑥恶：与善相对，泛指一切不好的、恶劣的行为。⑦恶：何，怎么能够。⑧造次：急遽，仓促。⑨颠沛：受挫折，贫困。

zǐ yuē wǒ wèi jiàn hào rén zhě wù bù rén
4.6 子曰:“我未见好仁者,恶不仁
zhě hào rén zhě wú yǐ shàng zhī wù bù rén zhě qí
者。好仁者,无以尚①之;恶不仁者,其
wéi rén yǐ bù shǐ bù rén zhě jiā hū qí shēn yǒu néng yī
为仁矣,不使不仁者加乎其身。有能一
rì yòng qí lì yú rén yǐ hū wǒ wèi jiàn lì bù zú zhě
日用其力于仁矣乎?我未见力不足者。
gài yǒu zhī yǐ wǒ wèi zhī jiàn yě
盖有之矣,我未之见也。”

zǐ yuē rén zhī guò yě gè yú qí dǎng
4.7 子曰:“人之过也,各于其党②。
guān guò sī zhī rén yǐ
观过,斯知仁矣③。”

zǐ yuē zhāo wén dào xī sǐ kě yǐ
4.8 子曰:“朝闻道,夕死可矣。”

zǐ yuē shì zhì yú dào ér chǐ è yī
4.9 子曰:“士④志于道,而耻恶衣
è shí zhě wèi zú yǔ yì yě
恶食⑤者,未足与议也。”

zǐ yuē jūn zǐ zhī yú tiān xià yě wú dí
4.10 子曰:“君子之于天下也,无适

① 尚:通“上”,作动词,超过的意思。② 党:类别。③ 斯知仁矣:就知其是否真正地行仁。斯,就、则。知仁,知道是否真正地行仁。④ 士:古代称士农工商为四民,士居四民之首,读书且有德行。其地位在庶民之上,是介于卿大夫与平民之间的一个阶层。⑤ 耻恶衣恶食:以穿破衣、吃粗饭为耻。耻,以……为耻。

yě wú mù yě yì zhī yǔ bǐ
也，无莫也①，义之与比②。”

zǐ yuē jūn zǐ huái dé xiǎo rén huái tǔ
4.11 子曰：“君子怀德，小人怀土③；
jūn zǐ huái xíng xiǎo rén huái huì
君子怀刑，小人怀惠④。”

zǐ yuē fǎng yú lì ér xíng duō yuàn
4.12 子曰：“放⑤于利而行，多怨。”

zǐ yuē néng yǐ lǐ ràng wéi guó hū hé
4.13 子曰：“能以礼让为国⑥乎？何
yǒu bù néng yǐ lǐ ràng wéi guó rú lǐ hé
有⑦？不能以礼让为国，如礼何？”

zǐ yuē bú huàn wú wèi huàn suǒ yǐ lì
4.14 子曰：“不患无位，患所以立⑧；
bú huàn mò jǐ zhī qiú wéi kě zhī yě
不患莫己知，求为可知也。”

zǐ yuē shēn hū wú dào yī yǐ guàn zhī
4.15 子曰：“参乎！吾道一以贯之。”
zēng zǐ yuē wéi zǐ chū mén rén wèn yuē hé
曾子曰：“唯。”子出。门人问曰：“何
wèi yě zēng zǐ yuē fū zǐ zhī dào zhōng shù ér
谓也？”曾子曰：“夫子之道，忠恕⑨而
yǐ yǐ
已矣。”

①无适也，无莫也：没有妄加抵触之念，没有贪慕之心。适，通“敌”，抵触、敌对。莫，通“慕”，贪慕、爱慕。②比：合作，亲近。③怀德，怀土：怀，思念、安于。德，德性。土，乡土。④怀刑，怀惠：刑，刑法。惠，恩惠。⑤放：通“仿”，依据。⑥为国：治国。⑦何有：何难之有，即为官执政还有什么困难。⑧所以立：有立身的本领或立于某个位置的才学。⑨忠恕：尽自己的心待人叫忠，推己及人叫恕。

zǐ yuē jūn zǐ yù yú yì xiǎo rén yù
4.16 子曰："君子喻①于义，小人喻
yú lì
于利。"

zǐ yuē jiàn xián sī qí yān jiàn bù xián ér
4.17 子曰："见贤思齐焉，见不贤而
nèi zì xǐng yě
内自省也。"

zǐ yuē shì fù mǔ jī jiàn jiàn zhì bù
4.18 子曰："事父母几②谏，见志不
cóng yòu jìng bù wéi láo ér bú yuàn
从，又敬不违，劳③而不怨。"

zǐ yuē fù mǔ zài bù yuǎn yóu yóu bì
4.19 子曰："父母在，不远游，游必
yǒu fāng
有方④。"

zǐ yuē sān nián wú gǎi yú fù zhī dào kě
4.20 子曰："三年无改于父之道，可
wèi xiào yǐ
谓孝矣。"

zǐ yuē fù mǔ zhī nián bù kě bù zhī yě
4.21 子曰："父母之年，不可不知也。
yī zé yǐ xǐ yī zé yǐ jù
一则以喜，一则以惧。"

zǐ yuē gǔ zhě yán zhī bù chū chǐ gōng zhī
4.22 子曰："古者言之不出，耻躬之

①喻：懂得，晓得。②几：轻微，婉转。③劳：忧愁。④方：确定的地方、去处。

不逮①也。”

4.23 子曰：“以约②失之者鲜矣。”

4.24 子曰：“君子欲讷③于言而敏于行。”

4.25 子曰：“德不孤，必有邻。”

4.26 子游曰：“事君数④，斯辱矣；朋友数，斯疏矣。”

①逮：及，到。②约：约束。③讷：说话迟钝。《说文》云：“讷，言难也。”比喻说话谨严。④数：多次，屡次，烦琐。

gōng yě cháng dì wǔ
公冶长第五

本篇共二十七章。首先，记录孔子评价弟子言论十一章；其次，记录孔子评价古今人物言论十章；再者，记录孔子让弟子漆雕开做官一章，子贡谈师从孔子学习一章，谈子路性格一章，孔子与弟子颜回、子路谈论志向一章，孔子谈论未见有人自责其过一章，孔子自述好学一章。

本篇主要围绕孔子对弟子以及古今人物评价展开论述，表现了不同人物的不同性格特征与品德修养。尽管这些人物有着好学、勇敢、宽容，以及恭、敬、惠、义、忠、清、智、耻等诸多优良品德，具备军事、政治、外交、言语等为官从政的某一方面的突出才干，但是他们还没有达到孔子的仁德标准。另外，孔子也指出了某些人物存在才能单一、欲望太多、不行恕道、犹豫不决、沽名钓誉等不足之处。

从表面上看，本篇是孔子对古今人物贤愚得失的评价，实则是孔子与弟子探讨仁德的内涵特征，孔子借此鼓励弟子们修己近仁、行仁。尤其通过与子路、颜渊畅谈人生志向，充分展现出孔子“老者安之，朋友信之，少者怀之”的崇高理想与人生境界。其实，孔子所描绘的理想社会状态，正是其毕生探索追求的“大同社会”。

zǐ wèi gōng yě cháng kě qì yě suī zài
5.1 子谓公冶长①，“可妻②也。虽在

léi xiè zhī zhōng fēi qí zuì yě yǐ qí zǐ qì zhī
缧绁③之中，非其罪也”。以其子妻之。

zǐ wèi nán róng bāng yǒu dào bú fèi bāng wú dào
子谓南容④，“邦有道，不废；邦无道，

miǎn yú xíng lù yǐ qí xiōng zhī zǐ qì zhī
免于刑戮”。以其兄之子妻之。

zǐ wèi zǐ jiàn jūn zǐ zāi ruò rén lǔ
5.2 子谓子贱⑤，“君子哉若人！鲁

wú jūn zǐ zhě sī yān qǔ sī
无君子者，斯焉取斯⑥？”

zǐ gòng wèn yuē cì yě hé rú zǐ yuē
5.3 子贡问曰：“赐也何如？”子曰：

rǔ qì yě yuē hé qì yě yuē hú
“女，器也。”曰：“何器也？”曰：“瑚

liǎn yě
琏⑦也。”

huò yuē yōng yě rén ér bú nìng zǐ
5.4 或曰：“雍⑧也仁而不佞⑨。”子

yuē yān yòng nìng yù rén yǐ kǒu jǐ lǚ zēng yú rén
曰：“焉用佞？御人以口给⑩，屡憎于人。

① 公冶长：孔子弟子，姓公冶，名长，字子长，鲁国人，又说为齐国人。传说懂鸟语。② 妻：动词，把女儿嫁给他。③ 缧绁：捆绑犯人的绳索，引申为牢狱。④ 南容：孔子的弟子南宫适（kuò），字子容。⑤ 子贱：孔子弟子，姓宓（fú），名不齐，字子贱，鲁国人。⑥ 斯焉取斯：他怎么会有这样的美德。第一个斯指子贱，第二个斯指子贱的品德。⑦ 瑚琏：古代宗庙中祭祀用的盛黍稷的器皿，竹制，上面用玉装饰，是祭器中贵重而华美的一种。⑧ 雍：孔子弟子，姓冉，名雍，字仲弓，鲁国人。热衷于从政，文献中多次记载他与孔子谈论为政的问题。⑨ 佞：能言善辩，有口才。⑩ 口给：言语应对敏捷。

bù zhī qí rén yān yòng nìng
不知其仁，焉用佞？”

zǐ shǐ qī diāo kāi shì duì yuē wú sī
5.5 子使漆雕开①仕。对曰：“吾斯

zhī wèi néng xìn zǐ yuè
之未能信②。”子说。

zǐ yuē dào bù xíng chéng fú fú yú hǎi
5.6 子曰：“道不行，乘桴③浮于海，

cóng wǒ zhě qí yóu yú zǐ lù wén zhī xǐ zǐ yuē
从我者，其由与？”子路闻之喜。子曰：

yóu yě hào yǒng guò wǒ wú suǒ qǔ cái
“由也好勇过我，无所取材④。”

mèng wǔ bó wèn zǐ lù rén hū zǐ
5.7 孟武伯问：“子路仁乎？”子

yuē bù zhī yě yòu wèn zǐ yuē yóu yě qiān
曰：“不知也。”又问。子曰：“由也，千

shèng zhī guó kě shǐ zhì qí fù yě bù zhī qí rén
乘之国，可使治其赋⑤也，不知其仁

yě qiú yě hé rú zǐ yuē qiú yě qiān shì zhī
也。”“求也何如？”子曰：“求也，千室之

yì bǎi shèng zhī jiā kě shǐ wéi zhī zǎi yě bù zhī qí
邑⑥，百乘之家，可使为之宰也，不知其

rén yě chì yě hé rú zǐ yuē chì yě shù
仁也。”“赤⑦也何如？”子曰：“赤也，束

①漆雕开：孔子弟子，姓漆雕，名开，字子开，又字子若，鲁国人。②吾斯之未能信：我对这件事没有信心。斯，代词，指做官这件事。③桴：以竹或木编成的水上行驶工具，大的叫筏，小的叫桴。④材：通“裁”，剪裁，裁度。⑤赋：兵赋，泛指军旅之事。⑥千室之邑：有一千户人家的大邑，指卿大夫的封地。⑦赤：孔子弟子，姓公西，名赤，字子华，鲁国人。

dài lì yú cháo kě shǐ yǔ bīn kè yán yě bù zhī qí
带立于朝①，可使与宾客言也，不知其
rén yě
仁也。”

zǐ wèi zǐ gòng yuē rǔ yǔ huí yě shú yù
5.8 子谓子贡曰：“女与回也孰愈②？”
duì yuē cì yě hé gǎn wàng huí huí yě wén yī yǐ zhī
对曰：“赐也何敢望回？回也闻一以知
shí cì yě wén yī yǐ zhī èr zǐ yuē fú rú yě
十，赐也闻一以知二。”子曰：“弗如也。
wú yǔ rǔ fú rú yě
吾与女弗如也。”

zǎi yú zhòu qǐn zǐ yuē xiǔ mù bù kě diāo
5.9 宰予昼寝。子曰：“朽木不可雕
yě fèn tǔ zhī qiáng bù kě wū yě yú yú yǔ hé zhū
也，粪土之墙不可杇也。于予与何诛③！”
zǐ yuē shǐ wú yú rén yě tīng qí yán ér xìn qí xíng
子曰：“始吾于人也，听其言而信其行；
jīn wú yú rén yě tīng qí yán ér guān qí xíng yú yú yǔ
今吾于人也，听其言而观其行。于予与
gǎi shì
改是。”

zǐ yuē wú wèi jiàn gāng zhě huò duì yuē
5.10 子曰：“吾未见刚④者。”或对曰：

① 束带立于朝：穿着礼服立于朝堂之上。② 愈：胜过。③ 于予与何诛：对于宰予我还有什么可责备的。诛，责备。④ 刚：孔子认为，“刚”是近于仁的一种美德。《论语·子路》记载：“子曰：‘刚、毅、木、讷，近仁。’”“刚”的特点是无欲，如果人有过多的欲望或被欲望所诱惑，便容易屈服而不刚。

shēn chéng zǐ yuē chéng yě yù yān dé gāng
"申枨①。"子曰："枨也欲，焉得刚？"

zǐ gòng yuē wǒ bù yù rén zhī jiā zhū wǒ
5.11 子贡曰："我不欲人之加诸我
yě wú yì yù wú jiā zhū rén zǐ yuē cì yě fēi
也，吾亦欲无加诸人。"子曰："赐也，非
ěr suǒ jí yě
尔所及也。"

zǐ gòng yuē fū zǐ zhī wén zhāng kě dé
5.12 子贡曰："夫子之文章②，可得
ér wén yě fū zǐ zhī yán xìng yǔ tiān dào bù kě dé
而闻也；夫子之言性与天道③，不可得
ér wén yě
而闻也。"

zǐ lù yǒu wén wèi zhī néng xíng wéi kǒng yǒu wén
5.13 子路有闻，未之能行，唯恐有闻。

zǐ gòng wèn yuē kǒng wén zǐ hé yǐ wèi
5.14 子贡问曰："孔文子④何以谓
zhī wén yě zǐ yuē mǐn ér hào xué bù chǐ xià
之'文'也？"子曰："敏而好学，不耻下
wèn shì yǐ wèi zhī wén yě
问，是以谓之'文'也。"

zǐ wèi zǐ chǎn yǒu jūn zǐ zhī dào sì yān
5.15 子谓子产⑤："有君子之道四焉：
qí xíng jǐ yě gōng qí shì shàng yě jìng qí yǎng mín yě huì
其行己也恭，其事上也敬，其养民也惠，

① 申枨：孔子弟子。② 文章：孔子关于《诗》《书》《礼》《乐》等文献的学问。③ 性：天性，人的本性。天道：自然界的运行变化之道。④ 孔文子：卫国大夫，名圉，文是他的谥号。⑤ 子产：春秋时郑国的大夫，名公孙侨，字子产，又字子美。

qí shǐ mín yě yì
其使民也义。”

zǐ yuē yàn píng zhòng shàn yǔ rén jiāo jiǔ
5.16 子曰：“晏平仲①善与人交，久
ér jìng zhī
而敬之。”

zǐ yuē zāng wén zhòng jū cài shān jié
5.17 子曰：“臧文仲②居蔡③，山节
zǎo zhuō hé rú qí zhì yě
藻棁④，何如其知也？”

zǐ zhāng wèn yuē lìng yǐn zǐ wén sān shì
5.18 子张问曰：“令尹子文⑤三仕
wéi lìng yǐn wú xǐ sè sān yǐ zhī wú yùn sè jiù
为令尹，无喜色；三已⑥之，无愠色。旧
lìng yǐn zhī zhèng bì yǐ gào xīn lìng yǐn hé rú zǐ
令尹之政，必以告新令尹。何如？”子
yuē zhōng yǐ yuē rén yǐ hū yuē wèi
曰：“忠矣。”曰：“仁矣乎？”曰：“未
zhī yān dé rén cuī zǐ shì qí jūn chén wén zǐ
知。焉得仁？”“崔子弑齐君⑦，陈文子⑧
yǒu mǎ shí shèng qì ér wéi zhī zhì yú tā bāng zé
有马十乘，弃而违之。至于他邦，则

① 晏平仲：春秋时期齐国大夫，名婴。② 臧文仲：春秋时期鲁国大夫，姓臧孙，名辰，谥号文。③ 居蔡：藏了一只大龟。居，动词，藏放，使居住。蔡，用以占卜的大龟。蔡这个地方产龟，因此把大龟叫蔡。④ 山节藻棁：龟室的斗拱雕刻成山形，短柱上饰有水草的图案。古时这是装饰天子宗庙的做法。节，柱上的斗拱。藻，水草名。棁，房梁上的短柱。⑤ 令尹子文：令尹，楚国的官名，相当于宰相，掌军政大权。子文，即斗谷于菟。⑥ 已：罢免。⑦ 崔子弑齐君：春秋时期齐国大夫崔杼杀其君齐庄公。弑，古代在下位的人杀了在上位的人。⑧ 陈文子：春秋时期齐国大夫，名须无，谥号文。

yuē yóu wú dà fū cuī zǐ yě wéi zhī zhī yì
曰：‘犹吾大夫崔子也。’违之。之一
bāng zé yòu yuē yóu wú dà fū cuī zǐ yě wéi zhī
邦，则又曰：‘犹吾大夫崔子也。’违之。
hé rú zǐ yuē qīng yǐ yuē rén yǐ hū
何如？”子曰：“清矣。”曰：“仁矣乎？”
yuē wèi zhī yān dé rén
曰：“未知。焉得仁？”

jì wén zǐ sān sī ér hòu xíng zǐ wén zhī
5.19 季文子①三思而后行。子闻之，
yuē zài sī kě yǐ
曰：“再②，斯可矣。”

zǐ yuē nìng wǔ zǐ bāng yǒu dào zé zhì
5.20 子曰：“宁武子③，邦有道则知，
bāng wú dào zé yú qí zhì kě jí yě qí yú bù kě jí
邦无道则愚。其知可及也，其愚不可及
yě
也。”

zǐ zài chén yuē guī yú guī yú wú
5.21 子在陈，曰：“归与！归与！吾
dǎng zhī xiǎo zǐ kuáng jiǎn fěi rán chéng zhāng bù zhī suǒ
党之小子狂简④，斐然成章，不知所
yǐ cái zhī
以裁之⑤。”

① 季文子：春秋时期鲁国执政大夫，姓季孙，字行父，谥号文。② 再：思考两次。③ 宁武子：春秋时期卫国大夫，姓宁，名俞，谥号武。④ 狂简：志大才疏。狂，志大。简，疏略。⑤ 斐然成章，不知所以裁之：文采斐然可观，真不知道该如何去引导他们。斐然成章，文采可观。裁，节制，引申为教育、引导。

zǐ yuē bó yí shū qí bú niàn jiù è
5.22 子曰：“伯夷、叔齐①不念旧恶，
yuàn shì yòng xī
怨是用希②。”

zǐ yuē shú wèi wēi shēng gāo zhí huò
5.23 子曰：“孰谓微生高③直？或
qǐ xī yān qǐ zhū qí lín ér yǔ zhī
乞醯④焉，乞诸其邻而与之。”

zǐ yuē qiǎo yán lìng sè zú gōng zuǒ
5.24 子曰：“巧言、令色、足⑤恭，左
qiū míng chǐ zhī qiū yì chǐ zhī nì yuàn ér yǒu qí rén
丘明⑥耻之，丘亦耻之。匿怨而友其人，
zuǒ qiū míng chǐ zhī qiū yì chǐ zhī
左丘明耻之，丘亦耻之。”

yán yuān jì lù shì zǐ yuē hé gè yán
5.25 颜渊、季路侍。子曰：“盍各言
ěr zhì zǐ lù yuē yuàn chē mǎ yì qīng qiú yǔ
尔志？”子路曰：“愿车马、衣轻裘，与
péng yǒu gòng bì zhī ér wú hàn yán yuān yuē yuàn
朋友共，敝之而无憾⑦。”颜渊曰：“愿

① 伯夷、叔齐：商末诸侯孤竹君的两个儿子。孤竹君死后，他们互相让位，后来双双弃国出走，逃到周文王处。武王灭商之后，他们以在周朝做官为耻，逃进山中以野草充饥，饿死在首阳山上。② 希：通“稀”，少。③ 微生高：春秋时期鲁国人，姓微生，名高。《庄子·盗跖》中有微生高守信的故事：他与女子相约于桥下见面，女子没有来，他一直等着，水涨了也不肯离去，后被淹死。④ 醯：醋。⑤ 足：过分。⑥ 左丘明：姓左丘，名明，鲁国人。相传曾任鲁国太史，作《左传》和《国语》。⑦ 敝之而无憾：即使坏了也没有什么不满。憾，怨恨、不满。

wú fá shàn wú shī láo zǐ lù yuē yuàn wén zǐ
无伐善①，无施劳②。”子路曰：“愿闻子
zhī zhì zǐ yuē lǎo zhě ān zhī péng yǒu xìn zhī
之志。”子曰：“老者安③之，朋友信之，
shào zhě huái zhī
少者怀④之。”

zǐ yuē yǐ yǐ hū wú wèi jiàn néng jiàn
5.26 子曰：“已矣乎！吾未见能见
qí guò ér nèi zì sòng zhě yě
其过而内自讼⑤者也。”

zǐ yuē shí shì zhī yì bì yǒu zhōng xìn
5.27 子曰：“十室之邑，必有忠信
rú qiū zhě yān bù rú qiū zhī hào xué yě
如丘者焉，不如丘之好学也。”

① 伐善：夸耀自己的长处。② 施劳：夸大自己的功劳。③ 安：使……安。后面的“信”“怀”用法与之相同。④ 怀：关怀。⑤ 自讼：自己责备自己。

雍也第六

本篇共二十八章。首先，记录孔子论述十五章；其次，记录孔子回答弟子、时人之问言论七章；再者，记录孔子分给弟子俸禄言论二章，弟子闵子骞辞官去汶上一章，孔子探望弟子伯牛一章，孔子询问弟子子游发现人才一章，孔子回答子路见南子一章。

本篇主要围绕孔子评价弟子以及回答弟子、时人之问展开论述，表现了弟子、时人的好学、修身、为政，以及果敢、通达、正直、谦虚。孔子对弟子颜回给予很高评价，认为颜回不仅是最为好学的弟子，而且还是一个安贫乐道、品德高尚的弟子，称赞颜回“三月不违仁”——这是其弟子中唯一得此殊荣之人。孔子也指出了个别弟子存在学习、为政信心不足等问题，对弟子冉求“中道而废”提出批评，对弟子冉伯牛有德行而不幸患病感到惋惜。

孔子希望弟子以及为政者具有好的品德，乃至要达到仁的道德境界，目的是要人们做到修身为政，以改变春秋晚期礼坏乐崩的现实社会。所以，孔子要求弟子“为君子儒，无为小人儒”，坚守道义，做人正直，好学修身，务民之义，文质彬彬，以礼约己，秉持中庸之道，做到立人达人，以成就“博施于民而能济众”的政治功业。

zǐ yuē yōng yě kě shǐ nán miàn zhòng gōng
6.1 子曰："雍也可使南面①。"仲弓
wèn zǐ sāng bó zǐ zǐ yuē kě yě jiǎn zhòng gōng
问子桑伯子②，子曰："可也，简③。"仲弓
yuē jū jìng ér xíng jiǎn yǐ lín qí mín bú yì kě
曰："居敬④而行简，以临其民，不亦可
hū jū jiǎn ér xíng jiǎn wú nǎi tài jiǎn hū zǐ
乎？居简而行简，无乃大⑤简乎？"子
yuē yōng zhī yán rán
曰："雍之言然。"

āi gōng wèn dì zǐ shú wéi hào xué kǒng
6.2 哀公问："弟子孰为好学？"孔
zǐ duì yuē yǒu yán huí zhě hào xué bù qiān nù bú
子对曰："有颜回者好学，不迁怒⑥，不
èr guò bú xìng duǎn mìng sǐ yǐ jīn yě zé wú wèi
贰过⑦。不幸短命死矣。今也则亡，未
wén hào xué zhě yě
闻好学者也。"

zǐ huá shǐ yú qí rǎn zǐ wèi qí mǔ qǐng sù
6.3 子华使于齐，冉子为其母请粟。
zǐ yuē yǔ zhī fǔ qǐng yì yuē yǔ zhī
子曰："与之釜⑧。"请益。曰："与之

① 南面：面向南。古代以面向南为尊位，天子、诸侯听政都是面向南方而坐。这里指仲弓宽宏简重，有为人君的气度，有治理国家的能力。② 子桑伯子：人名，鲁国人。③ 简：不烦琐。"行简"指推行政事简而不繁。④ 居敬：心存恭敬，为人严肃认真，依礼严格要求自己。⑤ 大：通"太"。⑥ 迁怒：把对甲的怒气转移到乙身上。迁，转移。⑦ 贰过：重复犯错误。贰，重复。⑧ 釜：与后面的庾、秉都为古代计量单位。六斗四升为一釜，十六斗为一庾，十斗为一斛，十六斛为一秉。

庾。”冉子与之粟五秉。子曰：“赤之适齐也，乘肥马，衣轻裘。吾闻之也：君子周急不继富①。”原思为之宰②，与之粟九百，辞。子曰：“毋！以与尔邻里乡党乎！”

6.4 子谓仲弓，曰：“犁牛之子骍且角③，虽欲勿用，山川其舍诸？”

6.5 子曰：“回也，其心三月不违仁，其余则日月至焉而已矣。”

6.6 季康子问：“仲由可使从政也与？”子曰：“由也果，于从政乎何有？”曰：“赐也可使从政也与？”曰：“赐也

① 周：周济，救济。继：接济。② 原思为之宰：原思做孔子的家宰。原思，孔子弟子，姓原，名宪，字子思，鲁国人。为之宰，做孔子的家宰。③ 骍且角：长着红色的毛，角也长得整齐端正。骍，红色。角，角长得端正。周代以红色为贵，祭祀用的牛毛色为红色。

达①，于从政乎何有？”曰：“求也可使从政也与？”曰：“求也艺②，于从政乎何有？”

6.7 季氏使闵子骞③为费宰。闵子骞曰：“善为我辞焉！如有复我④者，则吾必在汶上矣。”

6.8 伯牛⑤有疾，子问之，自牖⑥执其手，曰：“亡之，命矣夫！斯人也而有斯疾也！斯人也而有斯疾也！”

6.9 子曰：“贤哉，回也！一箪⑦食，一瓢饮，在陋巷，人不堪其忧，回也不改其乐。贤哉，回也！”

①达：通达事理。②艺：多才能、技艺。③闵子骞：孔子弟子，姓闵，名损，字子骞，鲁国人。④复我：再来召我。⑤伯牛：孔子弟子，姓冉，名耕，字伯牛，鲁国人。⑥牖：窗户。⑦箪：古代盛饭的竹器。

rǎn qiú yuē fēi bú yuè zǐ zhī dào lì bù
6.10 冉求曰："非不说子之道，力不
zú yě zǐ yuē lì bù zú zhě zhōng dào ér fèi
足也。"子曰："力不足者，中道而废。
jīn rǔ huà
今女画①。"

zǐ wèi zǐ xià yuē rǔ wéi jūn zǐ rú wú
6.11 子谓子夏曰："女为君子儒，无
wéi xiǎo rén rú
为小人儒。②"

zǐ yóu wéi wǔ chéng zǎi zǐ yuē rǔ dé
6.12 子游为武城宰。子曰："女得
rén yān ěr hū yuē yǒu tán tái miè míng zhě xíng bù
人焉尔乎？"曰："有澹台灭明③者，行不
yóu jìng fēi gōng shì wèi cháng zhì yú yǎn zhī shì yě
由径④；非公事，未尝至于偃之室也。"

zǐ yuē mèng zhī fǎn bù fá bēn ér diàn
6.13 子曰："孟之反不伐⑤，奔而殿⑥，
jiāng rù mén cè qí mǎ yuē fēi gǎn hòu yě mǎ bú
将入门，策其马，曰：'非敢后也，马不

①画：通"划"，划定界限，这里指停止。②君子儒、小人儒：在孔子以前，"儒"是一种行业，帮人主持一些礼仪、祭祀等活动。后孔子广收弟子，创立儒家学派。这里"儒"当作行业讲，同一行业亦有人品高下、志趣大小之分，故有君子、小人之别。孔子设教，希望弟子应为君子儒，不要做小人儒。③澹台灭明：孔子弟子，姓澹台，名灭明，字子羽，鲁国人。④行不由径：做事合乎正道，光明磊落。行，走路，这里指做事。径，小路、捷径。⑤孟之反不伐：孟之反不喜欢夸耀自己。孟之反，鲁国大夫，名侧。不伐，不夸耀。⑥奔而殿：败退的时候，他留在最后掩护全军。军队败退曰奔，在后面断后曰殿，军败殿后者有功。

jìn yě
进也。’”

zǐ yuē bù yǒu zhù tuó zhī nìng ér yǒu
6.14 子曰：“不有祝鮀①之佞，而有
sòng zhāo zhī měi nán hū miǎn yú jīn zhī shì yǐ
宋朝②之美，难乎免于今之世矣。”

zǐ yuē shuí néng chū bù yóu hù hé mò
6.15 子曰：“谁能出不由户？何莫
yóu sī dào yě
由斯道也？”

zǐ yuē zhì shèng wén zé yě wén shèng
6.16 子曰：“质胜文则野③，文胜
zhì zé shǐ wén zhì bīn bīn rán hòu jūn zǐ
质则史④。文质彬彬⑤，然后君子。”

zǐ yuē rén zhī shēng yě zhí wǎng zhī
6.17 子曰：“人之生也直，罔⑥之
shēng yě xìng ér miǎn
生也幸而免。”

zǐ yuē zhī zhī zhě bù rú hào zhī zhě hào
6.18 子曰：“知之者不如好之者，好
zhī zhě bù rú lè zhī zhě
之者不如乐之者。”

zǐ yuē zhōng rén yǐ shàng kě yǐ yù shàng
6.19 子曰：“中人以上，可以语上

①祝鮀：卫国大夫，字子鱼，有口才。祝，宗庙官名。②宋朝：宋国公子，有美貌。《左传》中有关于他因美貌而引起祸端的记载。③质：朴实。文：文采。此处“质”指内在品质，“文”指外在礼仪。野：粗鲁，鄙野。④史：虚饰，浮夸。⑤文质彬彬：文饰和质朴相得益彰的样子。⑥罔：罔曲，不正直。

yě zhōng rén yǐ xià bù kě yǐ yù shàng yě
也；中人以下，不可以语上也。”

fán chí wèn zhì zǐ yuē wù mín zhī
6.20　樊迟问知①。子曰：“务民之

yì jìng guǐ shén ér yuǎn zhī kě wèi zhì yǐ wèn rén
义，敬鬼神而远之，可谓知矣。”问仁。

yuē rén zhě xiān nán ér hòu huò kě wèi rén
曰：“仁者先难而后获②，可谓仁

yǐ
矣。”

zǐ yuē zhì zhě yào shuǐ rén zhě yào shān
6.21　子曰：“知者乐水③，仁者乐山④。

zhì zhě dòng rén zhě jìng zhì zhě lè rén zhě shòu
知者动，仁者静。知者乐，仁者寿。”

zǐ yuē qí yī biàn zhì yú lǔ lǔ yī
6.22　子曰：“齐一变，至于鲁；鲁一

biàn zhì yú dào
变，至于道。”

zǐ yuē gū bù gū gū zāi gū zāi
6.23　子曰：“觚⑤不觚，觚哉！觚哉！”

zǎi wǒ wèn yuē rén zhě suī gào zhī yuē
6.24　宰我问曰：“仁者，虽告之曰

jǐng yǒu rén yān qí cóng zhī yě zǐ yuē hé wèi
‘井有仁焉’，其从之也？”子曰：“何为

① 知：通“智”。② 先难而后获：在遇到困难时冲在前面，在要得到收获时站在后面。③ 乐水：喜爱水的品格。④ 乐山：喜爱山的品格。⑤ 觚：行礼的酒器，上圆下方，有棱。孔子时觚做成圆形，没有了棱角。孔子在此讥讽当时君不君、臣不臣、父不父、子不子的混乱现象。

qí rán yě　jūn zǐ kě shì yě　bù kě xiàn yě　kě
其然也①？君子可逝也，不可陷也②；可
qī yě　bù kě wǎng　yě
欺也，不可罔③也。”

zǐ yuē　jūn zǐ bó xué yú wén　yuē zhī yǐ
6.25　子曰：“君子博学于文，约之以
lǐ　yì kě yǐ fú pàn　yǐ fú
礼，亦可以弗畔④矣夫！”

zǐ jiàn nán zǐ　zǐ lù bú yuè　fū zǐ
6.26　子见南子⑤，子路不说。夫子
shì　zhī yuē　yú suǒ fǒu　zhě　tiān yàn　zhī　tiān
矢⑥之曰：“予所否⑦者，天厌⑧之！天
yàn zhī
厌之！”

zǐ yuē　zhōng yōng　zhī wéi dé yě　qí zhì
6.27　子曰：“中庸⑨之为德也，其至
yǐ hū　mín xiǎn jiǔ yǐ
矣乎！民鲜久矣。”

zǐ gòng yuē　rú yǒu bó shī yú mín ér néng
6.28　子贡曰：“如有博施于民而能
jì zhòng　hé rú　kě wèi rén hū　zǐ yuē　hé shì
济众，何如？可谓仁乎？”子曰：“何事
yú rén　bì yě shèng hū　yáo shùn qí yóu bìng　zhū
于仁！必也圣乎！尧舜其犹病⑩诸！

①何为其然也：为何要这样做呢。②逝：往，去。陷：陷入井中。③罔：愚弄。④畔：通“叛”，背叛。⑤南子：卫灵公夫人，当时实际上左右着卫国政权，据说有淫乱行为。⑥矢：通“誓”。⑦否：不合于礼，不由其道。⑧厌：弃绝，厌弃。⑨中庸：孔子提出的道德原则和行为准则。中，无过、无不及；庸，平常。⑩病：有所不足，指这样做法何止于仁，圣人也不容易做到。

fú rén zhě jǐ yù lì ér lì rén jǐ yù dá ér dá

夫仁者，己欲立而立人，己欲达而达

rén néng jìn qǔ pì kě wèi rén zhī fāng yě yǐ

人。能近取譬①，可谓仁之方也已。”

① 譬：比喻。

shù ér dì qī

述而第七

本篇共三十七章。首先，记录孔子论述二十一章；其次，记录孔子容貌、神态、言谈、举止、临丧、教学、行事等言语九章；再者，记录孔子与弟子、时人问答言论七章。

本篇主要围绕孔子关于立志、学习、教学、修德、行义、求仁等诸多方面的自述，通过对孔子容貌、言谈、举止、行事等生活场景的侧面描写，集中而又较全面地反映了孔子的理想信念、行为举止、教书育人、进德修业等，进而全面展现出孔子“志道据德，依仁游艺”的人生追求。

孔子述而不作，信而好古，学而不厌，诲人不倦，对周公的礼乐之制非常向往，对天下大同的仁爱社会无限憧憬。他以“天生德于予”的历史责任感与使命感，锲而不舍地探索仁者爱人之道，教育弟子修身志仁，引导与鼓励弟子行仁践义，提醒弟子不要过分追求物质财富与社会地位，希望弟子们做心胸坦荡的士君子，以造福天下百姓。

zǐ yuē shù ér bú zuò xìn ér hào gǔ
7.1 子曰:“述而不作①,信而好古②,
qiè bǐ yú wǒ lǎo péng
窃比于我老彭③。”

zǐ yuē mò ér zhì zhī xué ér bú yàn
7.2 子曰:“默而识之④,学而不厌,
huì rén bú juàn hé yǒu yú wǒ zāi
诲人不倦,何有于我哉?”

zǐ yuē dé zhī bù xiū xué zhī bù jiǎng
7.3 子曰:“德之不修,学之不讲,
wén yì bù néng xǐ bú shàn bù néng gǎi shì wú yōu yě
闻义不能徙,不善不能改,是吾忧也。”

zǐ zhī yàn jū shēn shēn rú yě yāo yāo
7.4 子之燕居⑤,申申如⑥也,夭夭
rú yě
如⑦也。

zǐ yuē shèn yǐ wú shuāi yě jiǔ yǐ wú
7.5 子曰:“甚矣吾衰也!久矣吾
bú fù mèng jiàn zhōu gōng
不复梦见周公⑧!”

zǐ yuē zhì yú dào jù yú dé yī
7.6 子曰:“志⑨于道,据⑩于德⑪,依

① 述而不作:只传述、继承、延续而不创造、发明。述,传述旧闻。作,创造、创作。② 信而好古:相信古代文化而又喜好它。③ 老彭:商代贤大夫,好述古事。④ 默而识之:把所学默默地记在心中。识,记住。⑤ 燕居:闲居。⑥ 申申如:神貌舒展安详的样子。⑦ 夭夭如:脸色愉悦、内心和畅的样子。⑧ 周公:姓姬,名旦,周文王的儿子,周武王的弟弟。他辅助成王巩固了周王室的统治。他制礼作乐,为周代乃至中华文明奠定了基调,深深影响了孔子和儒学,被后世尊为儒家“元圣”。⑨ 志:立志,专心向往。⑩ 据:执守。⑪ 德:得其道于心而不失。

yú rén yóu yú yì
于仁①，游于艺②。”

zǐ yuē zì xíng shù xiū yǐ shàng wú wèi
7.7 子曰：“自行束脩③以上，吾未
cháng wú huì yān
尝无诲焉。”

zǐ yuē bú fèn bù qǐ bù fěi bù fā
7.8 子曰：“不愤不启，不悱不发④。
jǔ yì yú bù yǐ sān yú fǎn zé bú fù yě
举一隅不以三隅反⑤，则不复⑥也。”

zǐ shí yú yǒu sāng zhě zhī cè wèi cháng bǎo yě
7.9 子食于有丧者之侧，未尝饱也。
zǐ yú shì rì kū zé bù gē
子于是日哭，则不歌。

zǐ wèi yán yuān yuē yòng zhī zé xíng shě
7.10 子谓颜渊曰：“用之则行，舍
zhī zé cáng wéi wǒ yǔ ěr yǒu shì fú zǐ lù yuē
之则藏，唯我与尔有是夫⑦！”子路曰：
zǐ xíng sān jūn zé shuí yǔ zǐ yuē bào hǔ píng
“子行三军⑧，则谁与？”子曰：“暴虎冯
hé sǐ ér wú huǐ zhě wú bù yǔ yě bì yě lín shì ér
河⑨，死而无悔者，吾不与也。必也临事而

① 依：亲近，不违。仁：孔子提出的最高道德原则，即仁德、仁爱。② 游：玩物适情。艺：孔子教学生的礼、乐、射、御、书、数六艺。六艺都是日常所用，不可或缺。③ 束脩：十条干肉，是古代学生拜老师用的见面礼。脩，脯，即干肉。十条脯为一束。④ 不愤不启，不悱不发：不到心里急于知道而不得之时，不开导他；不到想说而说不出来之时，不启发他。愤，用心思索想弄清楚而没有想通。悱，想说而说不出来的样子。⑤ 反：推及，推断。⑥ 复：重复。⑦ 有是夫：能做到这样吧。⑧ 行三军：行军打仗，指有军事行动。⑨ 暴虎冯河：空手搏虎，徒身涉河。暴虎，徒手与虎搏斗。冯河，徒步涉水过河。冯，徒涉、蹚水。

jù hào móu ér chéng zhě yě
惧①，好谋而成②者也。”

zǐ yuē fù ér kě qiú yě suī zhí biān zhī
7.11 子曰：“富而可求也，虽执鞭之

shì wú yì wéi zhī rú bù kě qiú cóng wú suǒ hào
士③，吾亦为之。如不可求，从吾所好。”

zǐ zhī suǒ shèn zhāi zhàn jí
7.12 子之所慎：齐④，战，疾。

zǐ zài qí wén sháo sān yuè bù zhī ròu
7.13 子在齐闻《韶》，三月不知肉

wèi yuē bù tú wéi yuè zhī zhì yú sī yě
味，曰：“不图为乐之至于斯⑤也。”

rǎn yǒu yuē fū zǐ wèi wèi jūn hū
7.14 冉有曰：“夫子为卫君⑥乎？”

zǐ gòng yuē nuò wú jiāng wèn zhī rù yuē bó
子贡曰：“诺，吾将问之。”入，曰：“伯

yí shū qí hé rén yě yuē gǔ zhī xián rén yě
夷、叔齐何人也？”曰：“古之贤人也。”

yuē yuàn hū yuē qiú rén ér dé rén yòu hé
曰：“怨乎？”曰：“求仁而得仁，又何

yuàn chū yuē fū zǐ bú wèi yě
怨？”出，曰：“夫子不为也。”

① 临事而惧：面临事务要谨慎小心，认真对待。惧，谨慎小心。② 好谋而成：喜欢谋划而始作决断。成，决定。③ 执鞭之士：有两种意思，一是王公贵族出行时，手执皮鞭开道的，二是为市场执鞭守门的。此处指地位底下的劳动者。④ 齐：通“斋”。古人在祭祀前沐浴更衣，不吃荤、不饮酒，不与妻妾同寝，整洁身心，以示虔诚，叫作斋或斋戒。⑤ 斯：这样的境界。⑥ 为卫君：帮助卫国国君。为，帮助。卫君，卫出公辄，卫灵公之孙。

zǐ yuē fàn shū shí yǐn shuǐ qū gōng ér
7.15 子曰："饭疏食①饮水，曲肱而
zhěn zhī lè yì zài qí zhōng yǐ bú yì ér fù qiě guì
枕之②，乐亦在其中矣。不义而富且贵，
yú wǒ rú fú yún
于我如浮云。"

zǐ yuē jiā wǒ shù nián wǔ shí yǐ xué
7.16 子曰："加我数年，五十以学
yì kě yǐ wú dà guò yǐ
《易》，可以无大过矣。"

zǐ suǒ yǎ yán shī shū zhí lǐ
7.17 子所雅言③，《诗》《书》、执礼，
jiē yǎ yán yě
皆雅言也。

shè gōng wèn kǒng zǐ yú zǐ lù zǐ lù bú
7.18 叶公④问孔子于子路，子路不
duì zǐ yuē rǔ xī bù yuē qí wéi rén yě fā fèn
对。子曰："女奚不曰，其为人也，发愤
wàng shí lè yǐ wàng yōu bù zhī lǎo zhī jiāng zhì yún ěr
忘食，乐以忘忧，不知老之将至云尔。"

zǐ yuē wǒ fēi shēng ér zhī zhī zhě hào
7.19 子曰："我非生而知之者，好
gǔ mǐn yǐ qiú zhī zhě yě
古，敏以求之者也。"

① 饭疏食：吃粗饭。饭，吃。② 曲肱而枕之：枕着弯曲的胳膊睡觉，形容生活窘迫。③ 雅言：一种理解是正言，即通用的语言，相当于今天的普通话；二是常言。④ 叶公：楚国大夫沈诸梁，字子高。曾任叶城地方官，自称叶公。

zǐ bù yǔ guài lì luàn shén
7.20 子不语怪、力、乱、神①。

zǐ yuē sān rén xíng bì yǒu wǒ shī yān
7.21 子曰："三人行，必有我师焉。
zé qí shàn zhě ér cóng zhī qí bú shàn zhě ér gǎi zhī
择其善者而从之，其不善者而改之。"

zǐ yuē tiān shēng dé yú yú huán tuí qí
7.22 子曰："天生德于予，桓魋②其
rú yú hé
如予何？"

zǐ yuē èr sān zǐ yǐ wǒ wéi yǐn hū
7.23 子曰："二三子以我为隐乎？
wú wú yǐn hū ěr wú wú xíng ér bù yǔ èr sān zǐ zhě
吾无隐乎尔。吾无行而不与二三子者，
shì qiū yě
是丘也。"

zǐ yǐ sì jiào wén xíng zhōng xìn
7.24 子以四教：文③、行④、忠、信。

zǐ yuē shèng rén wú bù dé ér jiàn zhī
7.25 子曰："圣人，吾不得而见之
yǐ dé jiàn jūn zǐ zhě sī kě yǐ zǐ yuē shàn
矣；得见君子者，斯可矣。"子曰："善
rén wú bù dé ér jiàn zhī yǐ dé jiàn yǒu héng zhě
人，吾不得而见之矣；得见有恒者，
sī kě yǐ wú ér wéi yǒu xū ér wéi yíng yuē ér
斯可矣。亡而为有，虚而为盈，约而

① 怪、力、乱、神：怪异、强力、悖乱、鬼神之事，悖乎寻常之理。② 桓魋：宋国的司马向魋，是宋桓公的后代，因此称桓魋。③ 文：文献知识。④ 行：德行，品行。

wéi tài nán hū yǒu héng yǐ
为泰①，难乎有恒矣。"

zǐ diào ér bù gāng yì bú shè sù
7.26 子钓而不纲②，弋不射宿③。

zǐ yuē gài yǒu bù zhī ér zuò zhī zhě wǒ
7.27 子曰："盖有不知而作之者，我
wú shì yě duō wén zé qí shàn zhě ér cóng zhī duō jiàn
无是也。多闻，择其善者而从之；多见
ér zhì zhī zhī zhī cì yě
而识之，知之次也。"

hù xiāng nán yǔ yán tóng zǐ xiàn mén rén huò
7.28 互乡④难与言，童子见，门人惑。
zǐ yuē yǔ qí jìn yě bù yǔ qí tuì yě wéi hé shèn
子曰："与其进也，不与其退也，唯何甚？
rén jié jǐ yǐ jìn yǔ qí jié yě bù bǎo qí wǎng yě
人洁己以进⑤，与其洁也，不保其往⑥也。"

zǐ yuē rén yuǎn hū zāi wǒ yù rén sī
7.29 子曰："仁远乎哉？我欲仁，斯
rén zhì yǐ
仁至矣。"

chén sī bài wèn zhāo gōng zhī lǐ hū
7.30 陈司败⑦问："昭公⑧知礼乎？"

①亡而为有，虚而为盈，约而为泰：没有装作有，空虚装作满足，困约装作安泰。三者都是虚夸之事，这样的人很难有恒心。②纲：用大绳挂鱼网，横拦在河道中捕鱼。③弋不射宿：射鸟但不射归巢的鸟。弋，用系有生丝的箭来射。宿，归巢的鸟。④互乡：地名。究竟何处，已不可考。⑤洁己以进：洁身自好，努力修养，使自己成为有德之人。⑥不保其往：不抓住过去的错误不放。⑦陈司败：陈，陈国。司败，官名，即司寇。⑧昭公：鲁国国君，名稠，襄公庶，继襄公为君。后为三桓所逼，出逃齐国，死在晋。

kǒng zǐ yuē zhī lǐ kǒng zǐ tuì yī wū mǎ qī ér
孔子曰："知礼。"孔子退，揖巫马期①而
jìn zhī yuē wú wén jūn zǐ bù dǎng jūn zǐ yì dǎng
进之，曰："吾闻君子不党②，君子亦党
hū jūn qǔ yú wú wéi tóng xìng wèi zhī wú mèng zǐ
乎？君取③于吴为同姓，谓之吴孟子。
jūn ér zhī lǐ shú bù zhī lǐ wū mǎ qī yǐ gào
君而知礼，孰不知礼？"巫马期以告。
zǐ yuē qiū yě xìng gǒu yǒu guò rén bì zhī zhī
子曰："丘也幸，苟有过，人必知之。"

zǐ yǔ rén gē ér shàn bì shǐ fǎn zhī ér
7.31 子与人歌而善，必使反之，而
hòu hè zhī
后和之。

zǐ yuē wén mò wú yóu rén yě gōng
7.32 子曰："文，莫吾犹人也④。躬
xíng jūn zǐ zé wú wèi zhī yǒu dé
行君子，则吾未之有得。"

zǐ yuē ruò shèng yǔ rén zé wú qǐ gǎn
7.33 子曰："若圣与仁，则吾岂敢？
yì wéi zhī bú yàn huì rén bú juàn zé kě wèi yún ěr yǐ
抑为之不厌，诲人不倦，则可谓云尔已
yǐ gōng xī huá yuē zhèng wéi dì zǐ bù néng xué yě
矣。"公西华曰："正唯弟子不能学也。"

①巫马期：孔子弟子，姓巫马，名施，字子期，鲁国人。②党：偏私。③取：通"娶"。④莫吾犹人也：大约和别人差不多。莫，大概、大约。

7.34 子疾病①，子路请祷。子曰：“有诸？”子路对曰：“有之。《诔》②曰：‘祷尔于上下神祇③。’”子曰：“丘之祷久矣。”

7.35 子曰：“奢则不孙④，俭则固⑤。与其不孙也，宁固。”

7.36 子曰：“君子坦荡荡⑥，小人长戚戚⑦。”

7.37 子温而厉，威而不猛，恭而安。

① 疾病：病得很重。生病，轻者叫疾，重者叫病。疾、病二字连用，是病重的意思。② 诔：应作“讄”，祈祷文。为生者祈福称讄，为死者祈祷称诔。③ 上下神祇：向天神地祇祷告。上下指天地，天神曰神，地神曰祇。④ 孙：通“逊”。⑤ 固：鄙陋，达不到礼的要求。⑥ 荡荡：宽广貌。⑦ 戚戚：心胸局促，与“荡荡”相对。

tài bó dì bā 泰伯第八

本篇共二十一章。首先，记录孔子论述十六章；其次，记录曾子论述五章。

本篇主要通过孔子对尧、舜、禹、武王、周公、泰伯等古代圣贤效法天道、勤于政事、谦让守礼、重视人才等政治品德的赞许，以及曾子对君子之道、君子之德的论述，展现了儒家修身为政思想，阐释了儒家谦和礼让、克勤克俭的政治品德及以天下为己任的人生境界与崇高追求。

孔子称赞泰伯“三以天下让”，赞许尧效法天道、舜和禹无为而治。对一般人来说，怎样才能成为一个有德有位的君子，以实现仁政爱民的目的？首先，修养自身，知礼守礼，关心爱护民众，做到亲亲而仁民；其次，在其位谋其政，与民众同呼吸共命运，推行礼乐制度，教化民众，推进社会和谐有序运转；再者，勇于承担责任与使命，坚守“仁为己任”的政治理念，做到“死而后已”。

8.1 子曰："泰伯①，其可谓至德也已矣。三以天下让，民无得而称焉②。"

8.2 子曰："恭而无礼则劳③，慎而无礼则葸④，勇而无礼则乱⑤，直而无礼则绞⑥。君子笃于亲，则民兴于仁；故旧不遗，则民不偷⑦。"

8.3 曾子有疾，召门弟子曰："启⑧予足！启予手！《诗》云：'战战兢兢，如临深渊，如履薄冰。'而今而后，吾知免夫！小子！"

8.4 曾子有疾，孟敬子⑨问之。曾子

① 泰伯：周太王古公亶父有三子——长子泰伯、次子仲雍、少子季历。传说太王见季历之子姬昌幼有圣德，想打破惯例，不将位传于长子泰伯，而是传于三子季历以便再传给姬昌。泰伯为实现父亲的愿望，不使父亲为难，便同二弟仲雍一起避居到吴（今江苏一带）。② 民无得而称焉：百姓找不出合适的词句来称赞他。③ 劳：劳扰不安。④ 葸：畏惧。⑤ 乱：犯上。⑥ 绞：尖刻刺人。⑦ 偷：淡薄。⑧ 启：动，抬一抬，动一动。⑨ 孟敬子：鲁国大夫仲孙捷，孟武伯之子，敬是其谥号。

yán yuē niǎo zhī jiāng sǐ qí míng yě āi rén zhī jiāng
言曰：“鸟之将死，其鸣也哀；人之将
sǐ qí yán yě shàn jūn zǐ suǒ guì hū dào zhě sān dòng
死，其言也善。君子所贵乎道者三：动
róng mào sī yuǎn bào màn yǐ zhèng yán sè sī jìn xìn
容貌，斯远暴慢矣①；正颜色，斯近信
yǐ chū cí qì sī yuǎn bǐ bèi yǐ biān dòu zhī
矣②；出辞气，斯远鄙倍矣③。笾豆之
shì zé yǒu sī cún
事④，则有司⑤存。”

zēng zǐ yuē yǐ néng wèn yú bù néng yǐ duō
8.5 曾子曰：“以能问于不能，以多
wèn yú guǎ yǒu ruò wú shí ruò xū fàn ér bú jiào
问于寡；有若无，实若虚，犯而不校⑥。
xī zhě wú yǒu cháng cóng shì yú sī yǐ
昔者吾友尝从事于斯矣。”

zēng zǐ yuē kě yǐ tuō liù chǐ zhī gū
8.6 曾子曰：“可以托六尺之孤⑦，
kě yǐ jì bǎi lǐ zhī mìng lín dà jié ér bù kě duó yě
可以寄百里之命⑧，临大节而不可夺也。

① 动容貌，斯远暴慢矣：注重严肃容貌，身上就远离暴慢之气。动容貌，注重容貌之恭敬严肃。暴慢，粗暴、懈怠。② 正颜色，斯近信矣：端正自己的脸色，就会近于诚信。正颜色，端正脸色。近信，近于诚信。③ 出辞气，斯远鄙倍矣：注意调整言辞声调，就会远离粗野和过失。辞，言语。气，语气、声调。鄙倍，粗野、过失。倍，通“背”，过失、错误。④ 笾豆之事：礼仪中的细节琐事。笾豆，祭祀所用的器具。笾为竹制，豆为木制。⑤ 有司：管理祭祀典礼的小吏。⑥ 校：计较。⑦ 托六尺之孤：托付幼小的国君。六尺，身材矮小的小孩，年龄在十五岁以下。托孤，受前君之命辅佐幼君。⑧ 寄百里之命：寄托一个国家的命脉，指代理国政。寄，寄托、托付。百里，古代小诸侯国的封地的大小。命，国之命脉。

jūn zǐ rén yú jūn zǐ rén yě
君子人与？君子人也。”

zēng zǐ yuē shì bù kě yǐ bù hóng yì
8.7 曾子曰：“士不可以不弘毅①，
rèn zhòng ér dào yuǎn rén yǐ wéi jǐ rèn bú yì zhòng hū
任重而道远。仁以为己任，不亦重乎？
sǐ ér hòu yǐ bú yì yuǎn hū
死而后已，不亦远乎？”

zǐ yuē xīng yú shī lì yú lǐ
8.8 子曰：“兴②于《诗》，立于礼，
chéng yú yuè
成于乐。”

zǐ yuē mín kě shǐ yóu zhī bù kě shǐ zhī
8.9 子曰：“民可使由之，不可使知
zhī
之。”

zǐ yuē hào yǒng jí pín luàn yě rén
8.10 子曰：“好勇疾③贫，乱也。人
ér bù rén jí zhī yǐ shèn luàn yě
而不仁，疾之已甚，乱也。”

zǐ yuē rú yǒu zhōu gōng zhī cái zhī měi
8.11 子曰：“如有周公之才之美，
shǐ jiāo qiě lìn qí yú bù zú guān yě yǐ
使骄且吝④，其余不足观也已。”

zǐ yuē sān nián xué bú zhì yú gǔ bú
8.12 子曰：“三年学，不至于谷，不

① 弘：宽广。毅：刚毅。② 兴：兴起，发动，始于。③ 疾：厌恶，憎恨。④ 骄且吝：恃才傲物而且封闭自我。骄，恃才傲物。吝，一说为吝啬，一说为封闭。

yì dé yě
易得也。①”

zǐ yuē dǔ xìn hào xué shǒu sǐ shàn dào
8.13 子曰：“笃信好学，守死善道②。
wēi bāng bú rù luàn bāng bù jū tiān xià yǒu dào zé xiàn
危邦不入，乱邦不居。天下有道则见③，
wú dào zé yǐn bāng yǒu dào pín qiě jiàn yān chǐ yě
无道则隐。邦有道，贫且贱焉，耻也；
bāng wú dào fù qiě guì yān chǐ yě
邦无道，富且贵焉，耻也④。”

zǐ yuē bú zài qí wèi bù móu qí zhèng
8.14 子曰：“不在其位，不谋其政。”

zǐ yuē shī zhì zhī shǐ guān jū
8.15 子曰：“师挚之始⑤，《关雎》
zhī luàn yáng yáng hū yíng ěr zāi
之乱⑥，洋洋乎盈耳哉！”

zǐ yuē kuáng ér bù zhí tóng ér bú yuàn
8.16 子曰：“狂而不直⑦，侗而不愿⑧，
kōng kōng ér bú xìn wú bù zhī zhī yǐ
悾悾而不信⑨，吾不知之矣。”

① 三年学，不至于谷，不易得也：学习了三年，仍不想出仕为官，很难得啊。谷：俸禄，借指出仕为官。② 笃信好学，守死善道：笃实地信仰道，好好地学习道，誓死守卫道。③ 见：通“现”，指出仕。④ 邦无道，富且贵焉，耻也：政治黑暗，自己富足且有位置，是耻辱。⑤ 师挚之始：从太师挚开始演奏。师挚，鲁国乐师，名挚。始，乐曲的开始，一般由太师演奏。⑥《关雎》之乱：《关雎》一般在活动结尾时演奏。乱，乐曲的结尾。⑦ 狂而不直：狂妄而不直率。狂，狂妄、急躁。直，直率、坦率。⑧ 侗而不愿：无知而不老实。侗，无知。愿，谨厚、老实。⑨ 悾悾而不信：无能而不诚信。悾悾，无知无能。

zǐ yuē xué rú bù jí yóu kǒng shī zhī
8.17 子曰："学如不及，犹恐失之。"

zǐ yuē wēi wēi hū shùn yǔ zhī yǒu tiān
8.18 子曰："巍巍乎，舜禹①之有天
xià yě ér bú yù yān
下也，而不与②焉！"

zǐ yuē dà zāi yáo zhī wéi jūn yě wēi wēi
8.19 子曰："大哉，尧之为君也！巍巍
hū wéi tiān wéi dà wéi yáo zé zhī dàng dàng hū
乎，唯天为大，唯尧则③之。荡荡④乎，
mín wú néng míng yān wēi wēi hū qí yǒu chéng gōng yě
民无能名⑤焉。巍巍乎其有成功也，
huàn hū qí yǒu wén zhāng
焕⑥乎其有文章⑦！"

shùn yǒu chén wǔ rén ér tiān xià zhì wǔ wáng
8.20 舜有臣五人而天下治。武王
yuē yú yǒu luàn chén shí rén kǒng zǐ yuē cái nán
曰："予有乱臣⑧十人。"孔子曰："才难，
bù qí rán hū táng yú zhī jì yú sī wéi shèng yǒu
不其然乎？唐虞之际，于斯为盛⑨。有
fù rén yān jiǔ rén ér yǐ sān fēn tiān xià yǒu qí èr
妇人焉，九人而已。三分天下有其二，
yǐ fú shì yīn zhōu zhī dé qí kě wèi zhì dé yě yǐ yǐ
以服事殷。周之德，其可谓至德也已矣。"

① 舜禹：舜是传说中的圣君，尧禅让帝位给舜，舜又禅让帝位给禹。② 不与：任贤使能，无为而治。与，参与。③ 则：效法。④ 荡荡：广大，广大无边。⑤ 名：称道。⑥ 焕：光明灿烂之貌。⑦ 文章：礼乐法度。⑧ 乱臣：治国之臣。乱，治理。⑨ 唐虞之际，于斯为盛：尧舜之际与周初都是人才盛世。唐虞，尧称唐尧，舜称虞舜，唐虞即尧舜。斯，周初。

zǐ yuē yǔ wú wú jiàn rán yǐ fěi

8.21 子曰：“禹，吾无间①然矣。菲②

yǐn shí ér zhì xiào hū guǐ shén è yī fú ér zhì měi hū fú

饮食而致孝乎鬼神，恶衣服而致美乎黻

miǎn bēi gōng shì ér jìn lì hū gōu xù yǔ wú wú

冕③，卑宫室而尽力乎沟洫④。禹，吾无

jiàn rán yǐ

间然矣！”

① 间：空隙，指非难、批评。② 菲：菲薄。③ 黻：祭祀时穿的礼服。冕：祭祀时戴的帽子。④ 沟洫：沟渠水利之事。

zǐ hǎn dì jiǔ 子罕第九

本篇共三十章。首先，记录孔子论述二十一章；其次，记录孔子与弟子、时人问答三章；再者，记录评价孔子言论四章，孔子评价颜回一章，孔子评论《诗经》一章。

本篇主要围绕孔子对利益、天命、仁德、礼制，以及教育弟子、修身立德、为人处世、文化传承等有关问题的论述展开，表现了孔子为学为人、贵德修身、与人为善、博学多能、积极入世等方面的思想，让人们了解与感悟孔子“天纵之圣”的人生境遇以及“文不在兹乎”的强烈使命意识。孔子也感叹自己生不逢时，自己的学说不被时代所用。

孔子有着与众不同的人生经历，小时候家境贫穷，做了很多事情，学会了很多技能，磨炼了坚强意志，对社会人生有着深刻而独特的思考与认识。孔子重视社会道义，很少谈论个人物质利益，有远大的人生志向与价值追求，始终以传承文武之道为己任。他教育弟子“博学于文，约之以礼”，要弟子像松柏一样经受住艰苦环境的磨难与考验，持之以恒地修养自身，做具有智、仁、勇三种美德的君子。

9.1 子罕言①利，与命与仁。

9.2 达巷党人②曰：“大哉孔子！博学而无所成名③。”子闻之，谓门弟子曰：“吾何执？执御乎？执射乎？吾执御矣。”

9.3 子曰：“麻冕④，礼也；今也纯⑤，俭⑥，吾从众。拜下，礼也；今拜乎上，泰⑦也。虽违众，吾从下。”

9.4 子绝四：毋意，毋必，毋固，毋我⑧。

9.5 子畏于匡，曰：“文王既没，文不在兹⑨乎？天之将丧斯文也，后死

① 罕言：很少主动谈论私利。罕，少。② 达巷党人：古时五百家为一党。达巷，党名。③ 博学而无所成名：学问广博，可惜没有一技之长以成名。④ 麻冕：用麻绳做成的黑色的帽子。⑤ 纯：黑色的丝。⑥ 俭：省约。⑦ 泰：骄纵，倨傲不恭。⑧ 毋意，毋必，毋固，毋我：不凭空猜测，不绝对肯定，不固步自封，不自以为是。毋，通“无”，没有。意，主观猜测。必，一定。固，固执己见、固步自封。我，自以为是。⑨ 文：礼乐制度。兹：这里，孔子指自己。

者①不得与于斯文也；天之未丧斯文也，匡人其如予何？”

9.6 大宰②问于子贡曰：“夫子圣者与？何其多能也？”子贡曰：“固天纵之将圣③，又多能也。”子闻之，曰：“大宰知我乎！吾少也贱，故多能鄙事。君子多乎哉？不多也。”牢④曰：“子云，‘吾不试⑤，故艺’。”

9.7 子曰：“吾有知乎哉？无知也。有鄙夫问于我，空空如也⑥，我叩⑦其两端⑧而竭焉。”

①后死者：孔子自称。②大宰：官名。③天纵之将圣：天意纵使他成为大圣人。纵，不加限量。将，大。④牢：孔子弟子，姓琴，字子开，一字子张。⑤试：用，这里指做官。⑥空空如也：对他的问题一无所知。传统上有两种说法：一是孔子自言心中空空无知；二是鄙夫来问孔子时心中空空。就文理而言，前者更为合理。⑦叩：叩问，发动。⑧两端：两头，事情的终始、本末、上下、精粗，无所不尽。

zǐ yuē fèng niǎo bú zhì hé bù chū tú wú yǐ yǐ fú

9.8 子曰："凤鸟不至，河不出图①，吾已矣夫！"

zǐ jiàn zī cuī zhě miǎn yī cháng zhě yǔ gǔ zhě jiàn zhī suī shào bì zuò guò zhī bì qū

9.9 子见齐衰者、冕衣裳者与瞽者②，见之，虽少，必作；过之，必趋。

yán yuān kuì rán tàn yuē yǎng zhī mí gāo zuān zhī mí jiān zhān zhī zài qián hū yān zài hòu fū zǐ xún xún rán shàn yòu rén bó wǒ yǐ wén yuē wǒ yǐ lǐ yù bà bù néng jì jié wú cái rú yǒu suǒ lì zhuó ěr suī yù cóng zhī mò yóu yě yǐ

9.10 颜渊喟然叹曰："仰之弥③高，钻之弥坚。瞻之在前，忽焉在后。夫子循循然善诱人④，博我以文，约我以礼，欲罢不能。既竭吾才，如有所立卓尔。虽欲从之，末由也已⑤。"

zǐ jí bìng zǐ lù shǐ mén rén wéi chén bìng jiàn yuē jiǔ yǐ zāi yóu zhī xíng zhà yě wú chén

9.11 子疾病，子路使门人为臣。病间⑥，曰："久矣哉，由之行诈也！无臣

① 凤鸟不至，河不出图：凤凰没有飞来，黄河没有八卦图出现。凤鸟，传说中的神鸟，它的到来象征着祥瑞。河出图，传说伏羲时有龙马从黄河中出现，背上有八卦图文。凤鸟至、河出图，都是祥瑞的征兆，预示着圣王出现、天下太平。② 齐衰：古代用麻布做的丧服。冕衣裳者：指贵族。冕，贵族戴的帽子。衣，上衣。裳，下衣。瞽：盲人。③ 弥：更加。④ 循循：有次序貌。诱：劝导。⑤ 末由也已：找不到路径。由，路径。⑥ 病间：病稍微转轻。

ér wéi yǒu chén wú shuí qī qī tiān hū qiě yú yǔ qí
而为有臣，吾谁欺？欺天乎？且予与其

sǐ yú chén zhī shǒu yě wú nìng sǐ yú èr sān zǐ zhī
死于臣之手也，无宁①死于二三子之

shǒu hū qiě yú zòng bù dé dà zàng yú sǐ yú dào
手乎？且予纵不得大葬②，予死于道

lù hū
路乎？”

zǐ gòng yuē yǒu měi yù yú sī yùn dú ér
9.12 子贡曰：“有美玉于斯，韫椟而

cáng zhū qiú shàn gǔ ér gū zhū zǐ yuē gū
藏诸③？求善贾而沽诸④？”子曰：“沽

zhī zāi gū zhī zāi wǒ dài gǔ zhě yě
之哉！沽之哉！我待贾者也。”

zǐ yù jū jiǔ yí huò yuē lòu rú zhī
9.13 子欲居九夷⑤。或曰：“陋，如之

hé zǐ yuē jūn zǐ jū zhī hé lòu zhī yǒu
何？”子曰：“君子居之，何陋之有？”

zǐ yuē wú zì wèi fǎn lǔ rán hòu yuè
9.14 子曰：“吾自卫反鲁，然后乐

zhèng yǎ sòng gè dé qí suǒ
正，《雅》《颂》⑥各得其所。”

zǐ yuē chū zé shì gōng qīng rù zé shì fù
9.15 子曰：“出则事公卿，入则事父

① 无宁：宁可。② 大葬：大夫的葬礼。③ 韫椟而藏诸：放在匣子里收藏起来。韫，收藏。椟，匣子、柜子。④ 求善贾而沽诸：找识货的商人卖出去。贾，商人。沽，卖出。⑤ 九夷：东方的少数民族。⑥《雅》《颂》：《诗经》中两类不同诗的名称，同时也是两类不同乐曲的名称。

兄，丧事不敢不勉，不为酒困，何有于我哉？”

9.16 子在川上曰：“逝者如斯夫！不舍昼夜。”

9.17 子曰：“吾未见好德①如好色者也。”

9.18 子曰：“譬如为山，未成一篑②，止，吾止也。譬如平地，虽覆一篑，进，吾往也。”

9.19 子曰：“语之而不惰者，其回也与！”

9.20 子谓颜渊，曰：“惜乎！吾见其进也，未见其止也。”

① 好德：喜欢接近有贤德之人。② 篑：土筐。

zǐ yuē miáo ér bú xiù zhě yǒu yǐ fú
9.21 子曰：“苗而不秀①者有矣夫！
xiù ér bù shí zhě yǒu yǐ fú
秀而不实者有矣夫！”

zǐ yuē hòu shēng kě wèi yān zhī lái zhě
9.22 子曰：“后生可畏，焉知来者
zhī bù rú jīn yě sì shí wǔ shí ér wú wén yān sī
之不如今也？四十、五十而无闻焉，斯
yì bù zú wèi yě yǐ
亦不足畏也已。”

zǐ yuē fǎ yǔ zhī yán néng wú cóng hū
9.23 子曰：“法语之言②，能无从乎？
gǎi zhī wéi guì xùn yǔ zhī yán néng wú yuè hū yì
改之为贵。巽与之言③，能无说乎？绎④
zhī wéi guì yuè ér bú yì cóng ér bù gǎi wú mò rú
之为贵。说而不绎，从而不改，吾末如
zhī hé yě yǐ yǐ
之何也已矣。”

zǐ yuē zhǔ zhōng xìn wú yǒu bù rú jǐ
9.24 子曰：“主忠信，毋友不如己
zhě guò zé wù dàn gǎi
者，过则勿惮改。”

zǐ yuē sān jūn kě duó shuài yě pǐ fū
9.25 子曰：“三军可夺帅也，匹夫

① 苗：万物开始生长。秀：稻麦等吐穗开花。② 法语之言：正言告诫的话，可奉为法度的话语。法，法则。语，告诫。③ 巽与之言：恭维赞许的话。巽，恭顺。与，赞许。④ 绎：推究，寻求。

bù kě duó zhì yě
不可夺志也。”

zǐ yuē yì bì yùn páo yǔ yì hú hé
9.26 子曰：“衣敝缊袍①，与衣狐貉②
zhě lì ér bù chǐ zhě qí yóu yě yú bú zhì bù qiú
者立而不耻者，其由也与？‘不忮不求，
hé yòng bù zāng zǐ lù zhōng shēn sòng zhī zǐ yuē
何用不臧③？’”子路终身诵之。子曰：
shì dào yě hé zú yǐ zāng
“是道也，何足以臧？”

zǐ yuē suì hán rán hòu zhī sōng bǎi zhī hòu
9.27 子曰：“岁寒，然后知松柏之后
diāo yě
凋也。”

zǐ yuē zhì zhě bú huò rén zhě bù yōu
9.28 子曰：“知者不惑，仁者不忧，
yǒng zhě bú jù
勇者不惧。”

zǐ yuē kě yǔ gòng xué wèi kě yǔ shì dào
9.29 子曰：“可与共学，未可与适道④；
kě yǔ shì dào wèi kě yǔ lì kě yǔ lì wèi kě yǔ
可与适道，未可与立⑤；可与立，未可与

① 缊袍：以乱麻旧絮衬于其中的袍子，泛指衣着寒酸。缊，乱麻。袍，旧絮。② 狐貉：用狐和貉的皮做的裘皮衣服，泛指衣着华贵之人。③ 不忮不求，何用不臧：不嫉妒，不贪求，做什么事能不好呢。出自《诗经·邶风·雄雉》。忮，嫉妒。求，贪求。何用，什么行为。臧，善、好。孔子用《诗经》的话来赞美子路的高尚品格。④ 适道：追求道，志于道。适，往。⑤ 立：守志，笃信。

权①。”

9.30 “唐棣之华，偏其反而②。岂不尔思③？室是远而④。”子曰：“未之思也，夫何远之有？”

① 权：秤锤，代指秤，引申为权衡是非轻重，按照不同情况灵活处理。② 唐棣之华，偏其反而：正如唐棣树的花在风中摇摆不定。唐棣，即棠棣，一种树木的名称。华，通“花”。“偏”通“翩”，“反”通“翻”，都是形容花摇动的样子。③ 岂不尔思：不是不想念你呀。④ 室是远而：只是住得太远了。

乡党第十

本篇共十七章。首先，记录孔子在乡党、宗庙、朝廷，以及出使、祭祀、乡饮、馈赠等不同场合的言行举止、穿着容貌、日常饮食及待人接物等十五章；其次，记录孔子关心养马人一章，记录孔子称赞山梁雌雉得时一章。

本篇主要展现了孔子为政、交友、驾车、闲居、饮食等不同生活侧面，表现出孔子深厚的人格素养及其文质彬彬的君子形象，为我们认识孔子、研究孔子提供了生动素材，为规范当今人们的日常生活提供了很好的借鉴。

孔子追求“仁者爱人”，将仁作为人的最高伦理道德原则。怎样近仁、行仁，乃至达到仁的人生境界？首要的是遵守礼的规范要求，用礼规范约束日常生活中的言行举止，以礼指导与调和人们之间的关系。尤其在物质生活日益丰富的当今社会，更要多一点道义、少一点私利，做到知礼、讲礼、守礼、行礼，注意从自身做起，从一点一滴做起。

kǒng zǐ yú xiāng dǎng xún xún rú yě sì bù
10.1 孔子于乡党，恂恂①如也，似不
néng yán zhě qí zài zōng miào cháo tíng pián pián yán wéi
能言者。其在宗庙朝廷，便便②言，唯
jǐn ěr
谨尔。

cháo yǔ xià dà fū yán kǎn kǎn rú yě
10.2 朝，与下大夫言，侃侃③如也；
yǔ shàng dà fū yán yín yín rú yě jūn zài cù jí
与上大夫言，訚訚④如也。君在，踧踖⑤
rú yě yǔ yǔ rú yě
如也，与与⑥如也。

jūn zhào shǐ bìn sè bó rú yě zú jué
10.3 君召使摈⑦，色勃如⑧也，足躩⑨
rú yě yī suǒ yǔ lì zuǒ yòu shǒu yī qián hòu chān
如也。揖所与立，左右手，衣前后，襜⑩
rú yě qū jìn yì rú yě bīn tuì bì fù mìng yuē
如也。趋进，翼如也。宾退，必复命曰：
bīn bú gù yǐ
“宾不顾矣。”

rù gōng mén jū gōng rú yě rú bù róng
10.4 入公门，鞠躬如也⑪，如不容。
lì bù zhōng mén xíng bù lǚ yù guò wèi sè bó rú
立不中门，行不履阈⑫。过位，色勃如

① 恂恂：温和恭顺貌。② 便便：辩，善于辞令。③ 侃侃：温和快乐的样子。④ 訚訚：正直而恭敬的样子。⑤ 踧踖：恭敬而不安的样子。⑥ 与与：威仪适中的样子。⑦ 摈：通“傧”，接引宾客。⑧ 色勃如：脸色庄重。⑨ 躩：盘旋的样子，动作变快。⑩ 襜：整齐。⑪ 鞠躬如也：谨慎恭敬的样子。⑫ 阈：门槛。

yě zú jué rú yě qí yán sì bù zú zhě shè zī
也，足躩如也，其言似不足者。摄齐①
shēng táng jū gōng rú yě bǐng qì sì bù xī zhě chū jiàng
升堂，鞠躬如也，屏气似不息者。出，降
yì děng chěng yán sè yí yí rú yě mò jiē qū
一等，逞②颜色，怡怡如也。没阶趋，
yì rú yě fù qí wèi cù jí rú yě
翼如也。复其位，踧踖如也。

zhí guī jū gōng rú yě rú bú shèng shàng rú
10.5 执圭，鞠躬如也，如不胜。上如
yī xià rú shòu bó rú zhàn sè zú sù sù rú yǒu xún
揖，下如授。勃如战色，足蹜蹜如有循。
xiǎng lǐ yǒu róng sè sī dí yú yú rú yě
享礼③，有容色。私觌④，愉愉如也。

jūn zǐ bù yǐ gàn zōu shì hóng zǐ bù yǐ
10.6 君子不以绀緅饰⑤。红紫不以
wéi xiè fú dāng shǔ zhěn chī xì bì biǎo ér chū
为亵服⑥。当暑，袗絺绤⑦，必表而出
zhī zī yī gāo qiú sù yī ní qiú huáng yī hú
之⑧。缁衣羔裘，素衣麑裘，黄衣狐
qiú xiè qiú cháng duǎn yòu mèi bì yǒu qǐn yī
裘⑨。亵裘长，短右袂⑩。必有寝衣，

① 摄齐：摄，提起。齐，衣服的下摆。朝臣升堂时，一般要提起官服的下摆，离地一尺左右，以避免前后踩着衣襟，或跌倒失礼。② 逞：舒展。③ 享礼：使臣向所出使国国君献礼的仪式。④ 私觌：以个人身份私下见面。⑤ 不以绀緅饰：不用青红色的布做衣服的镶边。绀、緅是斋戒和祭祀时礼服用的颜色，所以不用来镶边。绀，深青色中透红的颜色。緅，黑中透红的颜色。饰，衣服的镶边。⑥ 亵服：私居或闲居时的衣服。⑦ 袗：单衣。絺：细葛布。绤：粗葛布。⑧ 表而出之：先穿内衣，把葛衣穿在外面。⑨ 缁：黑色。羔裘：羔皮衣。这几句是说罩衣的颜色要与裘皮衣服的颜色相称。⑩ 短右袂：右袖短一点，以方便做事。

cháng yì shēn yòu bàn hú hé zhī hòu yǐ jū qù sāng
长一身有半。狐貉之厚以居。去丧，

wú suǒ bú pèi fēi wéi cháng bì shā zhī gāo qiú xuán
无所不佩。非帷裳，必杀之①。羔裘玄

guān bù yǐ diào jí yuè bì cháo fú ér cháo
冠不以吊。吉月，必朝服而朝。

zhāi bì yǒu míng yī bù zhāi bì biàn
10.7 齐，必有明衣②，布。齐必变

shí jū bì qiān zuò
食③，居必迁坐④。

shí bú yàn jīng kuài bú yàn xì shí yì ér
10.8 食不厌精，脍⑤不厌细。食饐而

ài yú něi ér ròu bài bù shí sè è bù shí xiù
餲，鱼馁而肉败⑥，不食；色恶，不食；臭

è bù shí shī rèn bù shí bù shí bù shí gē
恶，不食；失饪，不食；不时，不食；割

bú zhèng bù shí bù dé qí jiàng bù shí ròu suī duō
不正，不食；不得其酱，不食。肉虽多，

bù shǐ shèng shí qì wéi jiǔ wú liàng bù jí luàn gū
不使胜食气。唯酒无量，不及乱⑦。沽

jiǔ shì fǔ bù shí bú chè jiāng shí bù duō shí jì
酒市脯⑧，不食。不撤姜食，不多食。祭

① 帷裳：上朝和祭祀时穿的衣服，用整幅布制作，不加裁剪。杀：杀缝，以免脱线。② 明衣：沐浴后穿的浴衣。③ 变食：改变平常的饮食，主要指不饮酒，不吃葱、蒜等。④ 迁坐：晚上睡觉从内室迁到外室，不与妻妾同房。⑤ 脍：细切的鱼、肉。⑥ 饐而餲：食物久放而有了馊味。馁：鱼腐烂叫馁。败：肉腐烂。⑦ 乱：因饮酒过量而失态，不能自控。⑧ 沽酒市脯：从集市上买回来的酒和肉。

yú gōng, bú sù ròu. jì ròu bù chū sān rì. chū sān
于公，不宿肉①。祭肉不出三日。出三

rì, bù shí zhī yǐ. shí bù yǔ, qǐn bù yán. suī shū
日，不食之矣。食不语，寝不言。虽疏

shí cài gēng, guā jì, bì zhāi rú yě.
食菜羹，瓜祭，必齐如②也。

xí bú zhèng, bú zuò.
10.9 席不正，不坐。

xiāng rén yǐn jiǔ, zhàng zhě chū, sī chū
10.10 乡人饮酒③，杖者④出，斯出

yǐ. xiāng rén nuó, cháo fú ér lì yú zuò jiē.
矣。乡人傩⑤，朝服而立于阼阶⑥。

wèn rén yú tā bāng, zài bài ér sòng zhī.
10.11 问人于他邦，再拜而送之。

kāng zǐ kuì yào, bài ér shòu zhī. yuē: "qiū wèi dá,
康子馈药，拜而受之。曰："丘未达⑦，

bù gǎn cháng."
不敢尝。"

jiù fén. zǐ tuì cháo, yuē: "shāng rén hū?"
10.12 厩焚。子退朝，曰："伤人乎？"

bú wèn mǎ.
不问马。

① 祭于公，不宿肉：古时大夫助国君祭祀，祭祀结束后可以得到国君恩赐的祭肉。但天子诸侯的祭礼要进行两天。这样在得到祭肉时，肉已经放了两三天，不能再过夜了。②齐如：像斋戒一样。③ 乡人饮酒：指当时的乡饮酒礼。④ 杖者：老人。⑤ 傩：古时在腊月举行的一种迎神以驱逐疫鬼的风俗。⑥阼阶：大堂前面靠东面的台阶。古人以东为主人的位置，西为客人的位置。⑦ 未达：未通达药之属性。

jūn cì shí bì zhèng xí xiān cháng zhī jūn
10.13 君赐食，必正席先尝之。君

cì xīng bì shú ér jiàn zhī jūn cì shēng bì xù zhī
赐腥，必熟而荐①之。君赐生，必畜之。

shì shí yú jūn jūn jì xiān fàn jí jūn shì zhī
侍食于君，君祭，先饭②。疾，君视之，

dōng shǒu jiā cháo fú tuō shēn jūn mìng zhào bù sì jià
东首，加朝服，拖绅。君命召，不俟驾

xíng yǐ
行矣。

rù tài miào měi shì wèn
10.14 入太庙，每事问。

péng yǒu sǐ wú suǒ guī yuē yú wǒ
10.15 朋友死，无所归，曰：“于我

bìn péng yǒu zhī kuì suī chē mǎ fēi jì ròu
殡③。”朋友之馈，虽车马，非祭肉，

bú bài
不拜。

qǐn bù shī jū bù róng jiàn zī cuī zhě
10.16 寝不尸，居不容④。见齐衰者，

suī xiá bì biàn jiàn miǎn zhě yǔ gǔ zhě suī xiè
虽狎，必变⑤。见冕者与瞽者，虽亵⑥，

① 荐：供奉，进献。② 君祭，先饭：君主举行饭前的祭祀，而臣下为君主尝食。③ 殡：指丧葬事务。④ 寝不尸，居不容：尸，扮作父祖形象并代父祖之神受祭之人，引申为矜庄的样子。居不容，学界主要有两种不同的说法：一是平时闲居家中，故不必像上朝或参加祭祀时那样威仪肃穆，而应顺乎自然；二是“容”应为“客”，谓居家不必如做客一样恭敬。居，平时在家。⑤ 狎：亲近而不庄重，是指平常要闹之人。变：变脸色。⑥ 亵：轻慢、不庄重，是指平常不拘泥于礼节之人。

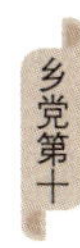

bì yǐ mào　xiōng fú zhě shì　zhī　shì fù bǎn zhě
必以貌。凶服者式[1]之。式负版者[2]。
yǒu shèng zhuàn　bì biàn sè ér zuò　xùn léi fēng liè　bì biàn
有盛馔，必变色而作。迅雷风烈，必变。
shēng chē　bì zhèng lì　zhí suí　chē zhōng bú nèi gù
升车，必正立，执绥[3]。车中不内顾，
bù jí yán　bù qīn zhǐ
不疾言，不亲指[4]。

sè sī jǔ yǐ　xiáng ér hòu jí　yuē　shān
10.17 色斯举矣[5]，翔而后集。曰：“山
liáng cí zhì　shí zāi　shí zāi　zǐ lù gǒng　zhī　sān
梁雌雉，时哉！时哉！”子路共[6]之，三
xiù ér zuò
嗅而作[7]。

① 式：通“轼”，古代车辆上的横木。这里作动词，意思是俯身伏在轼上，是表示敬意的礼节。② 负版者：背负国家图籍的人。③ 绥：古时车上用来拉着上车的带子。 ④ 内顾：回头看。疾言：高声说话。亲指：用手指指点点。⑤ 色斯举矣：鸟看见人的脸色一动就飞起来。举，起。⑥ 共：通“拱”。⑦ 三嗅而作：那群雌雉振振翅膀飞走了。嗅，即“臭”，鸟张开两翅。作，飞走。

xiān jìn dì shí yī

先进第十一

本篇共二十五章。首先，记录孔子论述七章；其次，记录孔子与弟子、时人问对十三章；再者，记录孔子赞美、评价弟子言论四章，孔子询问弟子志向一章。

本篇主要围绕孔子“从先进”这一思想展开论述。孔子赞成先学习礼乐而后出仕，要求弟子通过学习具备为政的道德素养与才能之后，再从政做官，这与《大学》所强调的修齐治平思想相一致。孔子教育弟子，第一位是提升品德修养，他要求弟子首先学习礼乐，懂得为人处世的礼仪规范。颜回是孔子最得意的弟子，列孔门七十二贤之首，原因是颜回好学，品德高尚。

孔子对弟子因材施教，秉持中道，认为“过犹不及”。子路、冉有问“闻斯行诸”，孔子根据两人的不同性格给予不同回答。孔子教育弟子不只是让他们成就君子人格，更重要的是让他们担当起管理社会的历史重任与使命，推行为政以德的政治理念，造福天下百姓。如孔子在询问子路、冉有、公西华、曾皙四位弟子人生志向时，对子路强调“强兵”、冉有强调“富民”、公西华强调“礼仪”均不置可否，而对曾皙所描绘的人们和谐安宁、自由自在的生活状况大加赞赏，这恰恰反映出孔子理想中的“天下为公”的社会状态。

zǐ yuē xiān jìn yú lǐ yuè yě rén yě
11.1 子曰：“先进于礼乐，野人也；
hòu jìn yú lǐ yuè jūn zǐ yě rú yòng zhī zé wú
后进于礼乐，君子也①。如用之，则吾
cóng xiān jìn
从先进。”

zǐ yuē cóng wǒ yú chén cài zhě jiē bù
11.2 子曰：“从我于陈、蔡者，皆不
jí mén yě dé xíng yán yuān mǐn zǐ qiān rǎn bó niú
及门②也。”德行：颜渊、闵子骞、冉伯牛、
zhòng gōng yán yǔ zǎi wǒ zǐ gòng zhèng shì rǎn
仲弓。言语③：宰我、子贡。政事：冉
yǒu jì lù wén xué zǐ yóu zǐ xià
有、季路。文学④：子游、子夏。

zǐ yuē huí yě fēi zhù wǒ zhě yě yú wú
11.3 子曰：“回也非助我者也，于吾
yán wú suǒ bú yuè
言无所不说。”

zǐ yuē xiào zāi mǐn zǐ qiān rén bú jiàn
11.4 子曰：“孝哉闵子骞！人不间⑤

① 先进、后进：历代注释多有不同。主要有两种：一、都指孔子弟子。“先进”指弟子中先学习礼乐而后做官的人，如颜渊、闵子骞等人；“后进”指弟子中先做了官然后学习礼乐的人，如冉求、子路等人。二、从时间上划分，“先进”指五帝以前，“后进”指三王以后。五帝时期，质胜于文，风气淳朴，而三王时期文质彬彬，三王之后，文胜于质。孔子欲恢复五帝时期的质朴风尚以纠正当时的风气。野人、君子：理解有争议。“君子”在古代主要有两种含义：一为有位者，一为有德者。这里“君子”与“野人”相对照而言，应该是指有位者，即拥有世袭爵位的卿大夫子弟。② 不及门：不在孔子身边。③ 言语：善于辞令与外交的应对。④ 文学：通晓先王典籍文献，如《诗》《书》《礼》《乐》等。⑤ 间：非议，批评。

yú qí fù mǔ kūn dì zhī yán
于其父母昆弟之言。”

nán róng sān fù bái guī kǒng zǐ yǐ qí xiōng
11.5 南容三复白圭①，孔子以其兄

zhī zǐ qì zhī
之子妻之。

jì kāng zǐ wèn dì zǐ shú wéi hào xué
11.6 季康子问：“弟子孰为好学？”

kǒng zǐ duì yuē yǒu yán huí zhě hào xué bú xìng duǎn mìng
孔子对曰：“有颜回者好学，不幸短命

sǐ yǐ jīn yě zé wú
死矣！今也则亡。”

yán yuān sǐ yán lù qǐng zǐ zhī chē yǐ wéi zhī
11.7 颜渊死，颜路②请子之车以为之

guǒ zǐ yuē cái bù cái yì gè yán qí zǐ yě
椁③。子曰：“才不才，亦各言其子也。

lǐ yě sǐ yǒu guān ér wú guǒ wú bù tú xíng yǐ wéi
鲤④也死，有棺而无椁。吾不徒行以为

zhī guǒ yǐ wú cóng dà fū zhī hòu bù kě tú xíng yě
之椁。以吾从大夫之后，不可徒行也。”

yán yuān sǐ zǐ yuē yī tiān sàng yú
11.8 颜渊死，子曰：“噫！天丧予！

tiān sàng yú
天丧予！”

①白圭：一种珍贵而晶莹的玉器，这里指《诗经·大雅·抑》中的诗句：“白圭之玷，尚可磨也；斯言之玷，不可为也。”意思是白玉上的污点还可以磨掉，言语中的错误却无法收回，告诉人们言语要谨慎。②颜路：孔子弟子，名无繇，鲁国人，颜渊的父亲。③椁：外棺。④鲤：孔子的儿子，字伯鱼。年五十而死，先孔子离世。

yán yuān sǐ zǐ kū zhī tòng cóng zhě yuē
11.9 颜渊死，子哭之恸①。从者曰：
zǐ tòng yǐ yuē yǒu tòng hū fēi fú rén zhī wèi
“子恸矣！”曰：“有恸乎？非夫人之为
tòng ér shuí wèi
恸而谁为？”

yán yuān sǐ mén rén yù hòu zàng zhī zǐ yuē
11.10 颜渊死，门人欲厚葬之。子曰：
bù kě mén rén hòu zàng zhī zǐ yuē huí yě shì
“不可。”门人厚葬之。子曰：“回也视
yú yóu fù yě yú bù dé shì yóu zǐ yě fēi wǒ yě
予犹父也，予不得视犹子也。非我也，
fú èr sān zǐ yě
夫二三子也。”

jì lù wèn shì guǐ shén zǐ yuē wèi néng
11.11 季路问事鬼神。子曰：“未能
shì rén yān néng shì guǐ yuē gǎn wèn sǐ yuē
事人，焉能事鬼？”曰：“敢问死。”曰：
wèi zhī shēng yān zhī sǐ
“未知生，焉知死？”

mǐn zǐ shì cè yín yín rú yě zǐ lù
11.12 闵子侍侧，訚訚②如也；子路，
hàng hàng rú yě rǎn yǒu zǐ gòng kǎn kǎn rú yě
行行③如也；冉有、子贡，侃侃④如也。
zǐ lè ruò yóu yě bù dé qí sǐ rán
子乐。“若由也，不得其死然⑤。”

①恸：极度悲伤。②訚訚：中正、和蔼而又能言善辩的样子。③行行：刚强的样子。④侃侃：温和快乐的样子。⑤不得其死然：不能善终。后来子路在卫国孔悝之乱中被杀身亡，应验了孔子的判断。这里是孔子向子路提出警告。

lǔ rén wéi zhǎng fǔ mǐn zǐ qiān yuē réng
11.13 鲁人为长府①。闵子骞曰："仍
jiù guàn rú zhī hé hé bì gǎi zuò zǐ yuē fú
旧贯②，如之何？何必改作？"子曰："夫
rén bù yán yán bì yǒu zhòng
人不言，言必有中。"

zǐ yuē yóu zhī sè xī wéi yú qiū zhī
11.14 子曰："由之瑟，奚为于丘之
mén mén rén bú jìng zǐ lù zǐ yuē yóu yě shēng
门？"门人不敬子路。子曰："由也升
táng yǐ wèi rù yú shì yě
堂矣，未入于室也③。"

zǐ gòng wèn shī yǔ shāng yě shú xián
11.15 子贡问："师与商也孰贤？"
zǐ yuē shī yě guò shāng yě bù jí yuē rán zé
子曰："师也过，商也不及。"曰："然则
shī yù yú zǐ yuē guò yóu bù jí
师愈与？"子曰："过犹不及。"

jì shì fù yú zhōu gōng ér qiú yě wèi zhī
11.16 季氏富于周公，而求也为之
jù liǎn ér fù yì zhī zǐ yuē fēi wú tú yě xiǎo
聚敛而附益之。子曰："非吾徒也，小
zǐ míng gǔ ér gōng zhī kě yě
子鸣鼓而攻之④可也。"

① 为长府：翻修叫长府的金库。为，翻修。长府，储藏财物的府库。② 仍旧贯：照着老样子做。仍，按照。贯，事、例。③ 升堂、入室：堂是正厅，室是内室。先入门，次升堂，最后入室，表示做学问的几个阶段。④ 鸣鼓而攻之：公开宣布其罪行并指责批评。

chái yě yú shēn yě lǔ shī yě pì yóu
11.17 柴①也愚，参也鲁，师也辟，由
yě yàn
也喭②。

zǐ yuē huí yě qí shù hū lǚ kōng
11.18 子曰："回也其庶③乎，屡空。
cì bú shòu mìng ér huò zhí yān yì zé lǚ zhòng
赐不受命，而货殖④焉，亿⑤则屡中。"

zǐ zhāng wèn shàn rén zhī dào zǐ yuē bú
11.19 子张问善人之道。子曰："不
jiàn jì yì bú rù yú shì
践迹⑥，亦不入于室。"

zǐ yuē lùn dǔ shì yǔ jūn zǐ zhě hū
11.20 子曰："论笃是与⑦，君子者乎？
sè zhuāng zhě hū
色庄者乎？"

zǐ lù wèn wén sī xíng zhū zǐ yuē
11.21 子路问："闻斯行诸？"子曰：
yǒu fù xiōng zài rú zhī hé qí wén sī xíng zhī rǎn
"有父兄在，如之何其闻斯行之？"冉
yǒu wèn wén sī xíng zhū zǐ yuē wén sī xíng
有问："闻斯行诸？"子曰："闻斯行
zhī gōng xī huá yuē yóu yě wèn wén sī xíng zhū
之。"公西华曰："由也问'闻斯行诸'，

① 柴：孔子弟子，姓高，名柴，字子羔，齐国人。曾为武城宰。② 愚：知不足而宽厚有余。鲁：迟钝。辟：偏激。喭：鲁莽。③ 庶：庶几，相近。此处指颜回的学问和道德接近完善。④ 货殖：做买卖，从事商业活动。⑤ 亿：通"臆"，臆度，猜测。⑥ 践迹：循着前人的脚步走。⑦ 论笃是与：对说话笃实表示赞许。论，言论。笃，笃实。与，赞许。

zǐ yuē yǒu fù xiōng zài qiú yě wèn wén sī xíng zhū
子曰‘有父兄在’；求也问‘闻斯行诸’，
zǐ yuē wén sī xíng zhī chì yě huò gǎn wèn zǐ
子曰‘闻斯行之’。赤也惑，敢问。”子
yuē qiú yě tuì gù jìn zhī yóu yě jiān rén gù
曰：“求也退①，故进之；由也兼人②，故
tuì zhī
退之。”

zǐ wèi yú kuāng yán yuān hòu zǐ yuē wú
11.22 子畏于匡，颜渊后。子曰：“吾
yǐ rǔ wéi sǐ yǐ yuē zǐ zài huí hé gǎn sǐ
以女为死矣。”曰：“子在，回何敢死？”

jì zǐ rán wèn zhòng yóu rǎn qiú kě
11.23 季子然③问：“仲由、冉求可
wèi dà chén yú zǐ yuē wú yǐ zǐ wéi yì zhī wèn
谓大臣与？”子曰：“吾以子为异之问，
zēng yóu yǔ qiú zhī wèn suǒ wèi dà chén zhě yǐ dào shì jūn
曾由与求之问。所谓大臣者，以道事君，
bù kě zé zhǐ jīn yóu yǔ qiú yě kě wèi jù chén yǐ
不可则止。今由与求也，可谓具臣④矣。”
yuē rán zé cóng zhī zhě yú zǐ yuē shì fù yǔ
曰：“然则从之者与？”子曰：“弑父与
jūn yì bù cóng yě
君，亦不从也。”

zǐ lù shǐ zǐ gāo wéi bì zǎi zǐ yuē
11.24 子路使子羔为费宰。子曰：

① 求也退：冉有性格懦弱，遇事退缩不前。② 由也兼人：子路好勇胜人。
③ 季子然：鲁国大夫，季孙氏的同族人。④ 具臣：备位充数的臣子。

zéi fú rén zhī zǐ zǐ lù yuē yǒu mín rén
“贼①夫人之子。”子路曰：“有民人②
yān yǒu shè jì yān hé bì dú shū rán hòu wéi xué
焉，有社稷焉，何必读书，然后为学？”
zǐ yuē shì gù wù fú nìng zhě
子曰：“是故恶夫佞者。”

zǐ lù zēng xī rǎn yǒu gōng xī huá shì
11.25 子路、曾皙③、冉有、公西华侍
zuò zǐ yuē yǐ wú yí rì zhǎng hū ěr wú wú yǐ
坐。子曰：“以吾一日长乎尔，毋吾以
yě jū zé yuē bù wú zhī yě rú huò zhī ěr
也④。居则曰：‘不吾知也！’如或知尔，
zé hé yǐ zāi zǐ lù shuài ěr ér duì yuē qiān
则何以哉⑤？”子路率尔⑥而对曰：“千
shèng zhī guó shè hū dà guó zhī jiān jiā zhī yǐ shī lǚ yīn
乘之国，摄乎大国之间，加之以师旅，因
zhī yǐ jī jǐn yóu yě wéi zhī bǐ jí sān nián kě shǐ yǒu
之以饥馑，由也为之，比及三年，可使有
yǒng qiě zhī fāng yě fū zǐ shěn zhī qiú ěr
勇，且知方⑦也。”夫子哂⑧之。“求！尔
hé rú duì yuē fāng liù qī shí rú wǔ liù shí
何如？”对曰：“方六七十，如五六十，

① 贼：害。② 民人：平民和贵族，这里偏指老百姓。③ 曾皙：孔子弟子，姓曾，名点，字子皙，鲁国人，曾参的父亲。④ 以吾一日长乎尔，毋吾以也：虽然我年龄比你们稍长一些，不要因为我年长而不敢说话。⑤ 则何以哉：打算怎么做呢。⑥ 率尔：贸然，不假思索的样子。⑦ 方：方向，指礼义。⑧ 哂：微笑。

qiú yě wéi zhī bǐ jí sān nián kě shǐ zú mín rú qí lǐ
求也为之，比及三年，可使足民。如其礼
yuè yǐ sì jūn zǐ chì ěr hé rú duì yuē
乐，以俟君子。”“赤！尔何如？”对曰：
fēi yuē néng zhī yuàn xué yān zōng miào zhī shì rú huì
“非曰能之，愿学焉。宗庙之事，如会
tóng duān zhāng fǔ yuàn wéi xiǎo xiàng yān diǎn ěr
同①，端章甫②，愿为小相焉。”“点！尔
hé rú gǔ sè xī kēng ěr shě sè ér zuò duì yuē
何如？”鼓瑟希③，铿尔，舍瑟而作，对曰：
yì hū sān zǐ zhě zhī zhuàn zǐ yuē hé shāng hū
“异乎三子者之撰。”子曰：“何伤乎？
yì gè yán qí zhì yě yuē mù chūn zhě chūn fú jì
亦各言其志也。”曰：“莫④春者，春服既
chéng guàn zhě wǔ liù rén tóng zǐ liù qī rén yù hū
成，冠者⑤五六人，童子六七人，浴乎
yí fēng hū wǔ yú yǒng ér guī fū zǐ kuì rán tàn
沂，风乎舞雩⑥，咏而归。”夫子喟然叹
yuē wú yǔ diǎn yě sān zǐ zhě chū zēng xī hòu
曰：“吾与点也！”三子者出，曾皙后。
zēng xī yuē fú sān zǐ zhě zhī yán hé rú zǐ yuē
曾皙曰：“夫三子者之言何如？”子曰：

① 宗庙之事，如会同：无论宗庙祭祀之事，还是会同之礼，都有专门的相礼人员。② 端章甫：穿着礼服、戴着礼帽，以接待宾客。端，玄端，古代礼服的名字。章甫，古代礼帽的名字。③ 希：通“稀”，稀少。④ 莫：通“暮”。⑤ 冠者：成年人。古代男子二十岁行冠礼，表示已成人。⑥ 舞雩：祭天求雨的地方。今山东曲阜城区沂河北岸有一高土堆，即鲁国“舞雩坛”旧址。

“亦各言其志也已矣。”曰：“夫子何哂由也？”曰：“为国以礼，其言不让，是故哂之。”“唯求则非邦也与？”“安见方六七十如五六十而非邦也者？”“唯赤则非邦也与？”“宗庙会同，非诸侯而何？赤也为之小，孰能为之大？”

yán yuān dì shí èr

颜渊第十二

本篇共二十四章。首先，记录孔子回答弟子、时人以及弟子间问答言论十九章；其次，记录孔子论述四章；再者，记录曾子论交友一章。

本篇主要围绕孔子弟子以及时人问仁、问政、问君子、问崇德辨惑等问题展开论述，着重从不同侧面阐述了仁的含义，强调了“克己复礼为仁”的途径方法，突出了“为仁由己”的主体责任，指明了仁的基本要义——爱人。孔子对仁的论述遍及《论语》各篇。相对于其他各篇，本篇从多个角度集中论述了仁的含义，尤其将仁与礼联系起来，提出以礼规范视、听、言、动，以实现近仁、为仁，这让人们对仁有了更为深刻全面的认识。

孔子推行仁德，希望为政者具有仁爱思想，推行德治仁政，从而匡正天下无道的社会局面。所以，本篇在论述仁的含义以及行仁的方法途径后，进一步论述了为政以德的仁政学说。孔子在本章对为政者提出了如下忠告：慎重地对待民众，谨慎地役使人民，尤其要让民众对其有信心；体恤民众，减轻人民负担，让百姓生活富足；明人伦，做到君臣父子各安其位，各司其职，维护社会和谐有序；发挥表率作用，以身作则，忠于职守，做到“居之无倦，行之以忠”；以德化民，不滥用刑罚；等等。

yán yuān wèn rén zǐ yuē kè jǐ fù lǐ
12.1 颜渊问仁。子曰：“克己①复礼
wéi rén yí rì kè jǐ fù lǐ tiān xià guī rén yān wéi
为仁。一日克己复礼，天下归仁焉。为
rén yóu jǐ ér yóu rén hū zāi yán yuān yuē qǐng
仁由己②，而由人乎哉？”颜渊曰：“请
wèn qí mù zǐ yuē fēi lǐ wù shì fēi lǐ wù tīng fēi
问其目。”子曰：“非礼勿视，非礼勿听，非
lǐ wù yán fēi lǐ wù dòng yán yuān yuē huí suī bù
礼勿言，非礼勿动。”颜渊曰：“回虽不
mǐn qǐng shì sī yǔ yǐ
敏，请事斯语矣。”

zhòng gōng wèn rén zǐ yuē chū mén rú jiàn
12.2 仲弓问仁。子曰：“出门如见
dà bīn shǐ mín rú chéng dà jì jǐ suǒ bú yù wù
大宾，使民如承大祭③。己所不欲，勿
shī yú rén zài bāng wú yuàn zài jiā wú yuàn zhòng
施于人。在邦④无怨，在家⑤无怨。”仲
gōng yuē yōng suī bù mǐn qǐng shì sī yǔ yǐ
弓曰：“雍虽不敏，请事斯语矣。”

sī mǎ niú wèn rén zǐ yuē rén zhě
12.3 司马牛⑥问仁。子曰：“仁者
qí yán yě rèn yuē qí yán yě rèn sī wèi zhī
其言也讱⑦。”曰：“其言也讱，斯谓之

① 克己：克制、约束自己。② 由己：靠自己。③ 出门如见大宾，使民如承大祭：待人接物应如同接待宾客般恭敬有礼，役使百姓也应如祭祀鬼神般谨慎敬畏。④ 在邦：在邦国为诸侯。⑤ 在家：在家为卿大夫。⑥ 司马牛：孔子的弟子，复姓司马，名耕，字子牛，宋国人。也有人认为司马牛即春秋末年司马桓魋的弟弟。⑦ 讱：不轻易说话，说话很谨慎。

rén yǐ hū zǐ yuē wéi zhī nán yán zhī dé wú
仁已乎？”子曰：“为之难，言之得无
rèn hū
讱乎？”

sī mǎ niú wèn jūn zǐ zǐ yuē jūn zǐ
12.4 司马牛问君子。子曰：“君子
bù yōu bú jù yuē bù yōu bú jù sī wèi zhī jūn
不忧不惧。”曰：“不忧不惧，斯谓之君
zǐ yǐ hū zǐ yuē nèi xǐng bú jiù fú hé yōu
子已乎？”子曰：“内省不疚，夫何忧
hé jù
何惧？”

sī mǎ niú yōu yuē rén jiē yǒu xiōng dì
12.5 司马牛忧曰：“人皆有兄弟，
wǒ dú wú shāng wén zhī yǐ sǐ shēng
我独亡①。”子夏曰：“商闻之矣：死生
yǒu mìng fù guì zài tiān jūn zǐ jìng ér wú shī yǔ rén
有命，富贵在天。君子敬而无失，与人
gōng ér yǒu lǐ sì hǎi zhī nèi jiē xiōng dì yě jūn zǐ
恭而有礼，四海之内皆兄弟也。君子
hé huàn hū wú xiōng dì yě
何患乎无兄弟也？”

zǐ zhāng wèn míng zǐ yuē jìn rùn zhī zèn
12.6 子张问明。子曰：“浸润之谮②，
fū shòu zhī sù bù xíng yān kě wèi míng yě yǐ yǐ
肤受之愬③，不行焉，可谓明④也已矣。

①亡：通“无”。②浸润之谮：如同水点滴渗透般逐渐起作用的谗言。浸润，如水般一点一滴渗透，无声无息。谮，谗言。③肤受之愬：切肤之痛的诽谤。愬，通“诉”，诬告、诽谤。④明：明辨是非，明白事理，也可以理解为能够知遇贤人。

浸润之谮，肤受之愬，不行焉，可谓远也已矣。”

12.7 子贡问政。子曰：“足食，足兵，民信之矣。”子贡曰：“必不得已而去，于斯三者何先？”曰：“去兵。”子贡曰：“必不得已而去，于斯二者何先？”曰：“去食。自古皆有死，民无信不立。”

12.8 棘子成①曰：“君子质而已矣，何以文为？”子贡曰：“惜乎！夫子之说君子也。驷不及舌②。文犹质也，质犹文也。虎豹之鞟③犹犬羊之鞟。”

①棘子成：卫国大夫。②驷不及舌：话一出口，四匹马也追不回来，即“一言既出，驷马难追”。驷，套着四匹马的车子。③鞟：去掉毛的兽皮，即革。

āi gōng wèn yú yǒu ruò yuē nián jī yòng
12.9 哀公问于有若曰："年饥，用
bù zú rú zhī hé yǒu ruò duì yuē hé chè
不足，如之何？"有若对曰："盍彻①
hū yuē èr wú yóu bù zú rú zhī hé qí chè
乎？"曰："二，吾犹不足，如之何其彻
yě duì yuē bǎi xìng zú jūn shú yǔ bù zú bǎi
也？"对曰："百姓足，君孰与不足？百
xìng bù zú jūn shú yǔ zú
姓不足，君孰与足？"

zǐ zhāng wèn chóng dé biàn huò zǐ yuē zhǔ
12.10 子张问崇德②、辨惑。子曰："主
zhōng xìn xǐ yì chóng dé yě ài zhī yù qí shēng wù
忠信，徙义③，崇德也。爱之欲其生，恶
zhī yù qí sǐ jì yù qí shēng yòu yù qí sǐ shì huò
之欲其死。既欲其生，又欲其死，是惑
yě chéng bù yǐ fù yì zhī yǐ yì
也。'诚不以富，亦祇以异④。'"

qí jǐng gōng wèn zhèng yú kǒng zǐ kǒng zǐ
12.11 齐景公⑤问政于孔子。孔子
duì yuē jūn jūn chén chén fù fù zǐ zǐ gōng yuē
对曰："君君，臣臣，父父，子子。"公曰：
shàn zāi xìn rú jūn bù jūn chén bù chén fù bú fù
"善哉！信如君不君，臣不臣，父不父，

① 盍：何不。彻：西周的田税制度，从收成中抽取十分之一为田税。② 崇德：提高道德修养。③ 徙义：改变自己的思想使之合于义。④ 诚不以富，亦祇以异：出自《诗经·小雅·我行其野》。该诗是描写弃妇之怨，大致意思是：你之所以抛弃我，其实并不是因为她家比我家富，只是因为你变了心。程颐认为，此处为错简，应在《论语·季氏》"齐景公有马千驷"之上。⑤ 齐景公：春秋时期齐国国君，姓姜，名杵臼。

zǐ bù zǐ suī yǒu sù wú dé ér shí zhū
子不子，虽有粟，吾得而食诸？”

zǐ yuē piàn yán kě yǐ zhé yù zhě
12.12 子曰：“片言①可以折狱②者，
qí yóu yě yú zǐ lù wú sù nuò
其由也与？”子路无宿诺③。

zǐ yuē tīng sòng wú yóu rén yě bì
12.13 子曰：“听讼④，吾犹人也。必
yě shǐ wú sòng hū
也使无讼⑤乎！”

zǐ zhāng wèn zhèng zǐ yuē jū zhī wú
12.14 子张问政。子曰：“居之无
juàn xíng zhī yǐ zhōng
倦，行之以忠。”

zǐ yuē bó xué yú wén yuē zhī yǐ lǐ
12.15 子曰：“博学于文，约之以礼，
yì kě yǐ fú pàn yǐ fú
亦可以弗畔⑥矣夫！”

zǐ yuē jūn zǐ chéng rén zhī měi bù chéng
12.16 子曰：“君子成人之美，不成
rén zhī è xiǎo rén fǎn shì
人之恶。小人反是。”

jì kāng zǐ wèn zhèng yú kǒng zǐ kǒng zǐ duì
12.17 季康子问政于孔子。孔子对
yuē zhèng zhě zhèng yě zǐ shuài yǐ zhèng shú gǎn bú
曰：“政者，正也。子帅以正，孰敢不

①片言：一面之词。②折狱：断案。③宿诺：不会拖延诺言的兑现。子路许诺的事没有不抓紧去做的，因此受到人们的信任，人们不会欺骗他。④听讼：听其讼辞以判曲直。⑤使无讼：通过道德教化来消除诉讼现象。⑥畔：通“叛”。

zhèng
正？”

jì kāng zǐ huàn dào wèn yú kǒng zǐ kǒng
12.18 季康子患盗，问于孔子。孔
zǐ duì yuē gǒu zǐ zhī bú yù suī shǎng zhī bú qiè
子对曰：“苟子之不欲，虽赏之不窃。”

jì kāng zǐ wèn zhèng yú kǒng zǐ yuē rú
12.19 季康子问政于孔子曰：“如
shā wú dào yǐ jiù yǒu dào hé rú kǒng zǐ duì yuē
杀无道以就[①]有道，何如？”孔子对曰：
zǐ wéi zhèng yān yòng shā zǐ yù shàn ér mín shàn yǐ
“子为政，焉用杀？子欲善而民善矣。
jūn zǐ zhī dé fēng xiǎo rén zhī dé cǎo cǎo shàng zhī fēng
君子之德风，小人之德草。草上之风，
bì yǎn
必偃[②]。”

zǐ zhāng wèn shì hé rú sī kě wèi zhī dá
12.20 子张问：“士何如斯可谓之达[③]
yǐ zǐ yuē hé zāi ěr suǒ wèi dá zhě zǐ
矣？”子曰：“何哉，尔所谓达者？”子
zhāng duì yuē zài bāng bì wén zài jiā bì wén zǐ
张对曰：“在邦必闻，在家必闻。”子
yuē shì wén yě fēi dá yě fú dá yě zhě zhì zhí
曰：“是闻也，非达也。夫达也者，质直
ér hào yì chá yán ér guān sè lǜ yǐ xià rén zài
而好义，察言而观色，虑以下人[④]。在

①就：成就，成全。②偃：倒伏。③达：通达，显达。④虑以下人：常常考虑谦恭待人。下人，以自己为下，指对人谦恭。

bāng bì dá zài jiā bì dá fú wén yě zhě sè qǔ rén
邦必达，在家必达。夫闻也者，色取仁
ér xíng wéi jū zhī bù yí zài bāng bì wén zài jiā
而行违，居之不疑①。在邦必闻，在家
bì wén
必闻。”

fán chí cóng yóu yú wǔ yú zhī xià yuē gǎn
12.21 樊迟从游于舞雩之下，曰：“敢
wèn chóng dé xiū tè biàn huò zǐ yuē shàn zāi wèn
问崇德、修慝②、辨惑。”子曰：“善哉问！
xiān shì hòu dé fēi chóng dé yú gōng qí è wú gōng rén
先事后得，非崇德与？攻其恶，无攻人
zhī è fēi xiū tè yú yì zhāo zhī fèn wàng qí shēn
之恶，非修慝与？一朝之忿，忘其身，
yǐ jí qí qīn fēi huò yú
以及其亲，非惑与？”

fán chí wèn rén zǐ yuē ài rén wèn
12.22 樊迟问仁。子曰：“爱人。”问
zhì zǐ yuē zhī rén fán chí wèi dá zǐ yuē
知。子曰：“知人。”樊迟未达。子曰：
jǔ zhí cuò zhū wǎng néng shǐ wǎng zhě zhí fán chí tuì
“举直错诸枉，能使枉者直。”樊迟退，
jiàn zǐ xià yuē xiàng yě wú jiàn yú fū zǐ ér wèn zhì
见子夏曰：“乡③也吾见于夫子而问知，
zǐ yuē jǔ zhí cuò zhū wǎng néng shǐ wǎng zhě zhí hé
子曰，‘举直错诸枉，能使枉者直’，何

①居之不疑：以此自居而不加疑惑。②修慝：改正自己的邪念。修，治、改正。慝，隐藏在心里的恶念。③乡：通“向”，刚才。

谓也？”子夏曰：“富哉言乎！舜有天下，选于众，举皋陶①，不仁者远矣。汤有天下，选于众，举伊尹②，不仁者远矣。”

12.23 子贡问友。子曰：“忠告而善道③之，不可则止，毋自辱焉。”

12.24 曾子曰：“君子以文会友，以友辅仁。”

① 皋陶：舜时掌握刑法的大臣。② 伊尹：商汤的辅臣。③ 道：通“导”，引导。

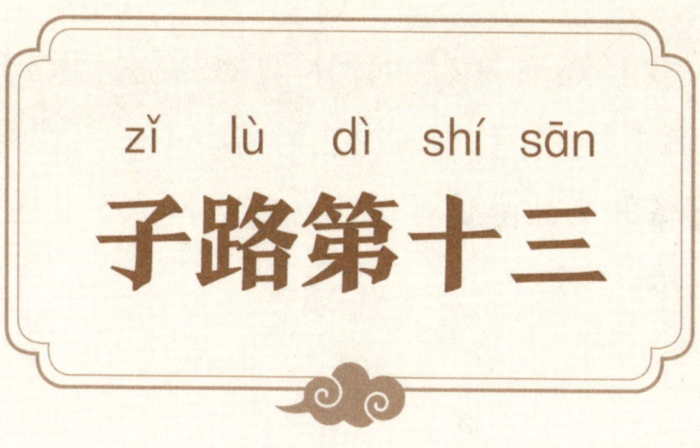

zǐ lù dì shí sān
子路第十三

本篇共三十章。首先，记录孔子回答弟子、时人之问十五章；其次，记录孔子言论十五章。

本篇主要围绕孔子回答弟子、时人问政展开论述，展现了孔子为政治国的主张和措施。例如：为政者首先要勤政，再让老百姓勤劳；为政者要善于发现人才，重视任用贤能之人；为政者做事要讲究名正言顺，使用刑罚要得当；为政者要发挥模范作用，做好民众的表率；为政者要教化民众，不要用刑罚等残暴手段对待百姓；为政者不要贪小利，不要只讲求速度，要着眼于长远利益，注重实际效果；等等。

孔子主张为政以德：一方面要为政者克己、修己，具备为政治国的道德素养；另一方面要求为政者体恤民众，实行有德之政。本篇主要谈论了为政者要勤劳不倦、推举贤才、名正言顺、做好表率、以德化民、自觉守礼、忠于职守等，并且还要具有刚毅木讷的品德，做到“和而不同”“泰而不骄”。孔子所提倡的德政主张和措施以及为政者所应具备的为政品德，对当今的公职人员也有着重要的借鉴价值和时代意义。

zǐ lù wèn zhèng zǐ yuē xiān zhī láo
13.1 子路问政。子曰：“先之，劳
zhī qǐng yì yuē wú juàn
之①。”请益②。曰：“无倦③。”

zhòng gōng wéi jì shì zǎi wèn zhèng zǐ yuē
13.2 仲弓为季氏宰，问政。子曰：
xiān yǒu sī shè xiǎo guò jǔ xián cái yuē yān
“先有司④，赦小过，举贤才。”曰：“焉
zhī xián cái ér jǔ zhī zǐ yuē jǔ ěr suǒ zhī ěr
知贤才而举之？”子曰：“举尔所知。尔
suǒ bù zhī rén qí shě zhū
所不知，人其舍诸？”

zǐ lù yuē wèi jūn dài zǐ ér wéi zhèng
13.3 子路曰：“卫君待子而为政，
zǐ jiāng xī xiān zǐ yuē bì yě zhèng míng hū
子将奚先？”子曰：“必也正名⑤乎！”
zǐ lù yuē yǒu shì zāi zǐ zhī yū yě xī qí
子路曰：“有是哉，子之迂也！奚其
zhèng zǐ yuē yě zāi yóu yě jūn zǐ yú qí suǒ
正？”子曰：“野哉由也！君子于其所
bù zhī gài quē rú yě míng bú zhèng zé yán bú
不知，盖阙⑥如也。名不正，则言不
shùn yán bú shùn zé shì bù chéng shì bù chéng zé lǐ
顺；言不顺，则事不成；事不成，则礼

① 先之：做在百姓之先，身先百姓。劳之：使百姓勤劳工作。② 益：增加。③ 无倦：不厌倦，不松懈。④ 有司：负责管理具体事务的官吏。⑤ 正名：正名分。⑥ 阙：通“缺”，存疑。

乐不兴；礼乐不兴，则刑罚不中；刑罚不中，则民无所措手足。故君子名之必可言也，言之必可行也。君子于其言，无所苟①而已矣。”

13.4 樊迟请学稼。子曰：“吾不如老农。”请学为圃②。曰：“吾不如老圃。”樊迟出。子曰：“小人哉，樊须也！上好礼，则民莫敢不敬；上好义，则民莫敢不服；上好信，则民莫敢不用情③。夫如是，则四方之民襁④负其子而至矣，焉用稼？”

13.5 子曰：“诵《诗》三百，授之以

①苟：马虎。②圃：菜地，引申为种菜。③用情：以真心实意来对待。④襁：背婴孩用的宽布带。

zhèng bù dá shǐ yú sì fāng bù néng zhuān duì suī duō
政，不达；使于四方，不能专对①。虽多，

yì xī yǐ wéi
亦奚以为？”

zǐ yuē qí shēn zhèng bú lìng ér xíng qí
13.6 子曰：“其身正，不令而行；其

shēn bú zhèng suī lìng bù cóng
身不正，虽令不从。”

zǐ yuē lǔ wèi zhī zhèng xiōng dì yě
13.7 子曰：“鲁卫之政，兄弟也②。”

zǐ wèi wèi gōng zǐ jīng shàn jū shì
13.8 子谓卫公子荆③：“善居室④。

shǐ yǒu yuē gǒu hé yǐ shǎo yǒu yuē gǒu wán
始有，曰：‘苟⑤合矣。’少有，曰：‘苟完

yǐ fù yǒu yuē gǒu měi yǐ
矣。’富有，曰：‘苟美矣。’”

zǐ shì wèi rǎn yǒu pú zǐ yuē shù
13.9 子适卫，冉有仆⑥。子曰：“庶⑦

yǐ zāi rǎn yǒu yuē jì shù yǐ yòu hé jiā yān
矣哉！”冉有曰：“既庶矣，又何加焉？”

yuē fù zhī yuē jì fù yǐ yòu hé jiā yān
曰：“富之。”曰：“既富矣，又何加焉？”

① 专对：独立应对。② 鲁卫之政，兄弟也：鲁国是周公旦的封地，卫国是康叔的封地，周公旦和康叔是兄弟，孔子之时两国政治状况也很相似。③ 卫公子荆：卫国大夫，字南楚，卫献公的儿子。④ 善居室：善于居家理财过日子。⑤ 苟：差不多。⑥ 仆：驾车。⑦ 庶：众多，这里指卫国人口众多。

yuē jiào zhī
曰："教之。"

zǐ yuē gǒu yǒu yòng wǒ zhě jī yuè ér
13.10 子曰："苟有用我者，期月①而
yǐ kě yě sān nián yǒu chéng
已可也，三年有成。"

zǐ yuē shàn rén wéi bāng bǎi nián yì kě
13.11 子曰："善人为邦百年，亦可
yǐ shèng cán qù shā yǐ chéng zāi shì yán yě
以胜残去杀②矣。诚哉是言也！"

zǐ yuē rú yǒu wàng zhě bì shì ér
13.12 子曰："如有王者，必世③而
hòu rén
后仁。"

zǐ yuē gǒu zhèng qí shēn yǐ yú cóng zhèng
13.13 子曰："苟正其身矣，于从政
hū hé yǒu bù néng zhèng qí shēn rú zhèng rén hé
乎何有？不能正其身，如正人何？"

rǎn zǐ tuì cháo zǐ yuē hé yàn
13.14 冉子退朝。子曰："何晏④
yě duì yuē yǒu zhèng zǐ yuē qí shì yě
也？"对曰："有政。"子曰："其事也。
rú yǒu zhèng suī bù wú yǐ wú qí yù wén zhī
如有政，虽不吾以，吾其与闻之。"

①期月：一周年。②胜残去杀：消除残暴，废除刑罚杀戮。胜残，使残暴的人不再作恶。去杀，废除刑罚杀戮。③世：古代三十年为一世。④晏：晚，迟。

dìng gōng wèn yì yán ér kě yǐ xīng bāng
13.15 定公问：“一言而可以兴邦，
yǒu zhū kǒng zǐ duì yuē yán bù kě yǐ ruò shì qí jī
有诸？”孔子对曰：“言不可以若是其几
yě rén zhī yán yuē wéi jūn nán wéi chén bú yì
也①。人之言曰：‘为君难，为臣不易。’
rú zhī wéi jūn zhī nán yě bù jī hū yì yán ér xīng bāng
如知为君之难也，不几乎一言而兴邦
hū yuē yì yán ér sàng bāng yǒu zhū kǒng zǐ
乎？”曰：“一言而丧邦，有诸？”孔子
duì yuē yán bù kě yǐ ruò shì qí jī yě rén zhī yán
对曰：“言不可以若是其几也。人之言
yuē yú wú lè hū wéi jūn wéi qí yán ér mò yú wéi
曰：‘予无乐乎为君，唯其言而莫予违
yě rú qí shàn ér mò zhī wéi yě bú yì shàn hū rú
也。’如其善而莫之违也，不亦善乎？如
bú shàn ér mò zhī wéi yě bù jī hū yì yán ér sàng bāng
不善而莫之违也，不几乎一言而丧邦
hū
乎？”

shè gōng wèn zhèng zǐ yuē jìn zhě yuè
13.16 叶公问政。子曰：“近者说，
yuǎn zhě lái
远者来。”

① 言不可以若是其几也：不能期望言语必然有这样的效果，即说话不能这样绝对。几：期望。

zǐ xià wéi jǔ fǔ zǎi wèn zhèng zǐ yuē
13.17 子夏为莒父①宰，问政。子曰：
wú yù sù wú jiàn xiǎo lì yù sù zé bù dá jiàn
“无欲速，无见小利。欲速，则不达；见
xiǎo lì zé dà shì bù chéng
小利，则大事不成。”

shè gōng yù kǒng zǐ yuē wú dǎng yǒu zhí
13.18 叶公语孔子曰：“吾党有直
gōng zhě qí fù rǎng yáng ér zǐ zhèng zhī kǒng zǐ
躬者②，其父攘③羊，而子证④之。”孔子
yuē wú dǎng zhī zhí zhě yì yú shì fù wèi zǐ yǐn zǐ
曰：“吾党之直者异于是：父为子隐，子
wèi fù yǐn zhí zài qí zhōng yǐ
为父隐，直在其中矣。”

fán chí wèn rén zǐ yuē jū chǔ gōng
13.19 樊迟问仁。子曰：“居处恭，
zhí shì jìng yǔ rén zhōng suī zhī yí dí bù kě qì
执事敬，与人忠。虽之⑤夷狄，不可弃
yě
也。”

zǐ gòng wèn yuē hé rú sī kě wèi zhī shì
13.20 子贡问曰：“何如斯可谓之士
yǐ zǐ yuē xíng jǐ yǒu chǐ shǐ yú sì fāng bù
矣？”子曰：“行己有耻，使于四方，不
rǔ jūn mìng kě wèi shì yǐ yuē gǎn wèn qí cì
辱君命，可谓士矣。”曰：“敢问其次。”

①莒父：地名，鲁国的一个城邑。②直躬者：直身而行者，也就是正直的人。③攘：窃取。④证：举证，告发。⑤之：动词，到。

yuē zōng zú chēng xiào yān xiāng dǎng chēng tì yān yuē
曰：“宗族称孝焉，乡党称弟焉。”曰：
gǎn wèn qí cì yuē yán bì xìn xíng bì guǒ kēng
“敢问其次。”曰：“言必信，行必果①，硁
kēng rán xiǎo rén zāi yì yì kě yǐ wéi cì yǐ yuē
硁②然小人哉！抑亦可以为次矣。”曰：
jīn zhī cóng zhèng zhě hé rú zǐ yuē yī dǒu
“今之从政者何如？”子曰：“噫！斗
shāo zhī rén hé zú suàn yě
筲之人③，何足算也！”

zǐ yuē bù dé zhōng xíng ér yǔ zhī
13.21 子曰：“不得中行④而与之，
bì yě kuáng juàn hū kuáng zhě jìn qǔ juàn zhě yǒu suǒ
必也狂狷⑤乎！狂者进取，狷者有所
bù wéi yě
不为也。”

zǐ yuē nán rén yǒu yán yuē rén ér wú
13.22 子曰：“南人有言曰：‘人而无
héng bù kě yǐ zuò wū yī shàn fú bù héng qí
恒，不可以作巫医⑥。’善夫！”“不恒其
dé huò chéng zhī xiū zǐ yuē bù zhān ér yǐ yǐ
德，或承之羞⑦。”子曰：“不占而已矣。”

① 果：果断，坚决。② 硁硁：象声词，敲击石头的声音，引申为像石头那样坚硬。③ 斗筲之人：比喻气量狭小之人。④ 中行：行为合乎中庸之道。⑤ 狷：拘谨，有所不为。⑥ 巫医：用卜筮给人治病的人。⑦ 不恒其德，或承之羞：引自《易经·恒卦》，意思是如果不坚持自己的德行，有的免不了会遭受羞辱。

zǐ yuē jūn zǐ hé ér bù tóng xiǎo rén
13.23 子曰：“君子和而不同，小人
tóng ér bù hé
同而不和①。”

zǐ gòng wèn yuē xiāng rén jiē hào zhī hé
13.24 子贡问曰：“乡人皆好之，何
rú zǐ yuē wèi kě yě xiāng rén jiē wù zhī
如？”子曰：“未可也。”“乡人皆恶之，
hé rú zǐ yuē wèi kě yě bù rú xiāng rén zhī
何如？”子曰：“未可也。不如乡人之
shàn zhě hào zhī qí bú shàn zhě wù zhī
善者好之，其不善者恶之。”

zǐ yuē jūn zǐ yì shì ér nán yuè yě
13.25 子曰：“君子易事而难说②也。
yuè zhī bù yǐ dào bú yuè yě jí qí shǐ rén yě qì
说之不以道，不说也；及其使人也，器
zhī xiǎo rén nán shì ér yì yuè yě yuè zhī suī bù yǐ
之③。小人难事而易说也。说之虽不以
dào yuè yě jí qí shǐ rén yě qiú bèi yān
道，说也；及其使人也，求备焉。”

zǐ yuē jūn zǐ tài ér bù jiāo xiǎo rén
13.26 子曰：“君子泰而不骄，小人
jiāo ér bú tài
骄而不泰。”

① 君子和而不同，小人同而不和：君子和周围的人相处融洽，但能够保持自己独立的思想，坚持自己的德行，不与世俗同流合污。小人没有自己独立的思想，一味追求和别人保持一致，而不讲求原则，却不能与身边的人保持融洽的关系。② 说：通“悦”。③ 器之：按其才能来用他，量才使用。

zǐ yuē gāng yì mù nè jìn rén
13.27 子曰："刚毅木讷，近仁。"

zǐ lù wèn yuē hé rú sī kě wèi zhī shì
13.28 子路问曰："何如斯可谓之士
yǐ zǐ yuē qiè qiè sī sī yí yí rú yě kě
矣？"子曰："切切偲偲①，怡怡②如也，可
wèi shì yǐ péng yǒu qiè qiè sī sī xiōng dì yí yí
谓士矣。朋友切切偲偲，兄弟怡怡。"

zǐ yuē shàn rén jiào mín qī nián yì kě
13.29 子曰："善人教民七年，亦可
yǐ jí róng yǐ
以即戎③矣。"

zǐ yuē yǐ bú jiào mín zhàn shì wèi qì
13.30 子曰："以不教民战，是谓弃
zhī
之。"

①偲偲：勉励、诚恳的样子。②怡怡：和悦、亲切、顺从的样子。③即戎：参军作战。即，就、从事。戎，兵事。

xiàn wèn dì shí sì
宪问第十四

本篇共四十七章。首先，记录孔子论述二十三章；其次，记录孔子回答弟子、时人言论二十章；再者，记录孔子评价公叔文子家臣一章、孔子批评原壤无礼一章、时人评价孔子二章。

本篇主要围绕为政者的道德素养以及责任、言行、用人等有关问题展开论述，通过孔子与弟子探讨为政之道与评价古今人物的得失成败，表达了孔子的德政观。孔子对弟子如何修己为政提出了诸多要求，希望弟子与为政者做到“修己以敬”“修己以安人”“修己以安百姓”，以实现平治天下的政治目标。

孔子期望为政者具有仁德，推行仁政，但是达到仁的水准是一件不容易的事，没有好胜、自夸、怨恨、贪欲之心，只能说具有了好德行，远没达到仁的境界。孔子认为，如果具有了臧武仲的智慧、孟公绰的寡欲、卞庄子的勇敢、冉求的才艺，再加以礼乐修养，才可达到“成人”，即成为一个合格的社会管理者。有德者必定有值得学习借鉴的言辞，然而有华丽言辞的人并不一定有仁德；仁者必定勇敢，勇敢者却并不一定有仁德。为此，孔子评价子产是一个给人恩惠的人，评价管仲是一个有仁德的人。孔子要弟子不但具备君子人格，成为合格的为政者，还应追求“君子上达”，做到修己达仁。其实，孔子终生“不怨天，不尤人”“下学而上达”，为了推行自己的德治仁政主张，从不言弃，表现出“知其不可为而为之”的执着精神和坚强意志。

xiàn wèn chǐ zǐ yuē bāng yǒu dào gǔ
14.1 宪①问耻。子曰："邦有道，穀；
bāng wú dào gǔ chǐ yě
邦无道，穀，耻也。"

kè fá yuàn yù bù xíng yān kě yǐ
14.2 "克、伐、怨、欲②不行焉，可以
wéi rén yǐ zǐ yuē kě yǐ wéi nán yǐ rén zé wú
为仁矣？"子曰："可以为难矣，仁则吾
bù zhī yě
不知也。"

zǐ yuē shì ér huái jū bù zú yǐ wéi
14.3 子曰："士而怀居③，不足以为
shì yǐ
士矣。"

zǐ yuē bāng yǒu dào wēi yán wēi xíng
14.4 子曰："邦有道，危言危行④；
bāng wú dào wēi xíng yán xùn
邦无道，危行言孙⑤。"

zǐ yuē yǒu dé zhě bì yǒu yán yǒu yán zhě bú
14.5 子曰："有德者必有言，有言者不
bì yǒu dé rén zhě bì yǒu yǒng yǒng zhě bú bì yǒu rén
必有德；仁者必有勇，勇者不必有仁。"

nán gōng kuò wèn yú kǒng zǐ yuē yì shàn shè
14.6 南宫适问于孔子曰："羿⑥善射，

① 宪：孔子弟子原宪，字子思，曾为孔子的家宰。② 克：好胜。伐：自我夸耀。怨：怨恨。欲：贪欲。③ 怀居：留恋家庭的安逸生活。居，家居。④ 危言危行：言行正直。危，直、正直。⑤ 孙：通"逊"。⑥ 羿：传说中夏代有穷国的国君，善射箭。他夺得夏朝太康的王位，后被其臣寒浞所杀。

ào dàng zhōu jù bù dé qí sǐ rán yǔ jì gōng
奡①荡舟，俱不得其死然。禹稷②躬
jià ér yǒu tiān xià fū zǐ bù dá nán gōng kuò chū
稼，而有天下。”夫子不答。南宫适出。
zǐ yuē jūn zǐ zāi ruò rén shàng dé zāi ruò rén
子曰：“君子哉若人！尚德哉若人！”

zǐ yuē jūn zǐ ér bù rén zhě yǒu yǐ fú
14.7 子曰：“君子而不仁者有矣夫，
wèi yǒu xiǎo rén ér rén zhě yě
未有小人而仁者也。”

zǐ yuē ài zhī néng wù láo hū zhōng
14.8 子曰：“爱之，能勿劳乎？忠
yān néng wù huì hū
焉，能勿诲乎？”

zǐ yuē wéi mìng bì chén cǎo chuàng zhī
14.9 子曰：“为命③，裨谌④草创之，
shì shū tǎo lùn zhī xíng rén zǐ yǔ xiū shì zhī dōng lǐ
世叔⑤讨论之，行人子羽⑥修饰之，东里⑦
zǐ chǎn rùn sè zhī
子产润色之。”

① 奡荡舟：传说中寒浞的儿子，据说他力气大，能陆地行舟，后来被夏王少康所杀。② 禹：夏朝的开国之君，曾经治理大洪水。稷：周朝的祖先，又被尊为谷神，曾教民种植庄稼。③ 命：外交辞命。④ 裨谌：春秋时期郑国的大夫。⑤ 世叔：即子太叔，名游吉，郑国的大夫。⑥ 行人子羽：行人，掌管朝觐聘问事务的官员，即近代的外交官。子羽，春秋时期郑国大夫公孙挥的字。⑦ 东里：地名，子产所住的乡里。

14.10 或问子产。子曰：“惠人也。”问子西。曰：“彼哉！彼哉！”问管仲。曰：“人也。夺伯氏骈邑三百，饭疏食，没齿①无怨言。”

14.11 子曰：“贫而无怨难，富而无骄易。”

14.12 子曰：“孟公绰②为赵魏老则优③，不可以为滕薛大夫。”

14.13 子路问成人④。子曰：“若臧武仲之知⑤，公绰之不欲，卞庄子⑥之勇，冉求之艺，文之以礼乐，亦可以为成人矣。”曰：“今之成人者何必然？

① 没齿：死去。② 孟公绰：鲁国大夫。③ 老：大夫的家臣。优：宽绰，有余力。④ 成人：人格完备之人。⑤ 臧武仲：鲁国大夫臧孙纥。知：通“智”，有智慧。⑥ 卞庄子：鲁国卞地的行政长官，以勇力著名。

jiàn lì sī yì jiàn wēi shòu mìng jiǔ yuē bú wàng píng shēng
见利思义，见危授命，久要不忘平生①

zhī yán yì kě yǐ wéi chéng rén yǐ
之言，亦可以为成人矣。”

zǐ wèn gōng shū wén zǐ yú gōng míng jiǎ
14.14　子问公叔文子②于公明贾③

yuē xìn hū fū zǐ bú yán bú xiào bù qǔ hū
曰：“信乎，夫子不言、不笑、不取乎？”

gōng míng jiǎ duì yuē yǐ gào zhě guò yě fū zǐ shí rán
公明贾对曰：“以告者过也。夫子时然

hòu yán rén bú yàn qí yán lè rán hòu xiào rén bú yàn
后言，人不厌其言；乐然后笑，人不厌

qí xiào yì rán hòu qǔ rén bú yàn qí qǔ zǐ yuē
其笑；义然后取，人不厌其取。”子曰：

qí rán qǐ qí rán hū
“其然，岂其然乎？”

zǐ yuē zāng wǔ zhòng yǐ fáng qiú wéi hòu
14.15　子曰：“臧武仲以防④求为后

yú lǔ suī yuē bù yāo jūn wú bú xìn yě
于鲁，虽曰不要⑤君，吾不信也。”

zǐ yuē jìn wén gōng jué ér bú zhèng qí
14.16　子曰：“晋文公谲而不正，齐

huán gōng zhèng ér bù jué
桓公正而不谲⑥。”

① 要：通“约”，穷困。平生：平日。② 公叔文子：卫国大夫公孙拔，谥号文。③ 公明贾：姓公明，名贾，卫国人。④ 防：臧武仲之封邑。⑤ 要：要挟。⑥ 晋文公、齐桓公：春秋五霸中最有名的两个霸主。晋文公名重耳，齐桓公名小白。谲：诈，欺诈，玩弄手段。

14.17 子路曰："桓公杀公子纠[1]，召忽[2]死之，管仲不死。"曰："未仁乎？"子曰："桓公九合诸侯[3]，不以兵车[4]，管仲之力也。如其仁[5]！如其仁！"

14.18 子贡曰："管仲非仁者与？桓公杀公子纠，不能死，又相之。"子曰："管仲相桓公，霸诸侯，一匡天下，民到于今受其赐。微管仲，吾其被发左衽矣[6]。岂若匹夫匹妇之为谅[7]也，自经于沟渎[8]而莫之知也？"

14.19 公叔文子之臣大夫僎[9]，与文

① 公子纠：齐桓公的兄弟，与桓公争夺位置，失败后被杀。② 召忽：管仲和召忽都是公子纠的家臣。公子纠争位失败被杀后，召忽自杀。而齐桓公听从鲍叔牙的建议，对管仲以礼相待，终使管仲归服，并成为齐桓公成就霸业的首要功臣。③ 九合诸侯：指齐桓公多次召集诸侯会盟。④ 不以兵车：不靠武力。⑤ 如其仁：这就是他的仁德。⑥ 吾其被发左衽矣：恐怕我们也要成为夷狄之人了。被，通"披"，被发，披散头发。衽，衣襟。左衽，衣襟向左边开。这是当时所谓夷狄的风俗。孔子认为管仲帮助齐桓公称霸，对当时中原礼乐文化起到了保护作用。⑦ 为谅：遵守信用。谅，信用。⑧ 沟渎：沟渠。⑨ 僎：人名，公叔文子的家臣。

zǐ tóng shēng zhū gōng zǐ wén zhī yuē kě yǐ wéi wén yǐ
子同升诸公。子闻之曰："可以为文矣。"

zǐ yán wèi líng gōng zhī wú dào yě kāng zǐ
14.20 子言卫灵公之无道也，康子
yuē fú rú shì xī ér bú sàng kǒng zǐ yuē zhòng
曰："夫如是，奚而不丧？"孔子曰："仲
shū yǔ zhì bīn kè zhù tuó zhì zōng miào wáng sūn jiǎ zhì jūn
叔圉治宾客，祝鮀治宗庙，王孙贾治军
lǚ fú rú shì xī qí sàng
旅①。夫如是，奚其丧？"

zǐ yuē qí yán zhī bú zuò zé wéi zhī
14.21 子曰："其言之不怍②，则为之
yě nán
也难。"

chén chéng zǐ shì jiǎn gōng kǒng zǐ mù yù
14.22 陈成子③弑简公。孔子沐浴
ér cháo gào yú āi gōng yuē chén héng shì qí jūn qǐng
而朝，告于哀公曰："陈恒弑其君，请
tǎo zhī gōng yuē gào fú sān zǐ kǒng zǐ yuē
讨之。"公曰："告夫三子④。"孔子曰：
yǐ wú cóng dà fū zhī hòu bù gǎn bú gào yě jūn yuē
"以吾从大夫之后，不敢不告也。君曰
gào fú sān zǐ zhě zhī sān zǐ gào bù kě kǒng
'告夫三子'者。"之三子告，不可。孔

① 仲叔圉、祝鮀、王孙贾：当时卫国贤能的大夫。② 怍：惭愧。③ 陈成子：名恒，齐国大夫。他先用大斗出、小斗进的方法收买人心，而后又杀死齐简公，夺取了政权。④ 三子：指鲁国的季孙、孟孙、叔孙三家大夫。

zǐ yuē　yǐ wú cóng dà fū zhī hòu　bù gǎn bú gào yě
子曰："以吾从大夫之后，不敢不告也。"

zǐ lù wèn shì jūn　zǐ yuē　wù qī yě
14.23 子路问事君。子曰："勿欺也，
ér fàn zhī
而犯①之。"

zǐ yuē　jūn zǐ shàng dá　xiǎo rén xià dá
14.24 子曰："君子上达，小人下达。"

zǐ yuē　gǔ zhī xué zhě wèi jǐ　jīn zhī
14.25 子曰："古之学者为己，今之
xué zhě wèi rén
学者为人。"

qú bó yù　shǐ rén yú kǒng zǐ　kǒng zǐ
14.26 蘧伯玉②使人于孔子。孔子
yǔ zhī zuò ér wèn yān　yuē　fū zǐ hé wéi　duì yuē
与之坐而问焉，曰："夫子何为？"对曰：
fū zǐ yù guǎ qí guò ér wèi néng yě　shǐ zhě chū　zǐ
"夫子欲寡其过而未能也。"使者出，子
yuē　shǐ hū　shǐ hū
曰："使乎！使乎！"

zǐ yuē　bú zài qí wèi　bù móu qí zhèng
14.27 子曰："不在其位，不谋其政。"

zēng zǐ yuē　jūn zǐ sī bù chū qí wèi
14.28 曾子曰："君子思不出其位。"

zǐ yuē　jūn zǐ chǐ qí yán ér guò qí xíng
14.29 子曰："君子耻其言而过其行。"

① 犯：犯颜直谏。② 蘧伯玉：卫国的大夫，名瑗。孔子到卫国时曾住过他家。

zǐ yuē jūn zǐ dào zhě sān wǒ wú néng
14.30 子曰："君子道者三，我无能
yān rén zhě bù yōu zhì zhě bú huò yǒng zhě bú jù
焉：仁者不忧，知者不惑，勇者不惧。"
zǐ gòng yuē fū zǐ zì dào yě
子贡曰："夫子自道也。"

zǐ gòng fāng rén zǐ yuē cì yě xián
14.31 子贡方人①。子曰："赐也贤
hū zāi fú wǒ zé bù xiá
乎哉？夫我则不暇。"

zǐ yuē bú huàn rén zhī bù jǐ zhī huàn
14.32 子曰："不患人之不己知，患
qí bù néng yě
其不能也。"

zǐ yuē bú nì zhà bú yì bú xìn
14.33 子曰："不逆诈②，不亿③不信，
yì yì xiān jué zhě shì xián hū
抑亦先觉者，是贤乎！"

wēi shēng mǔ wèi kǒng zǐ yuē qiū hé wéi
14.34 微生亩④谓孔子曰："丘何为
shì xī xī zhě yú wú nǎi wéi nìng hū kǒng zǐ yuē
是栖栖⑤者与？无乃为佞乎？"孔子曰：
fēi gǎn wéi nìng yě jí gù yě
"非敢为佞也，疾固⑥也。"

zǐ yuē jì bù chēng qí lì chēng qí dé yě
14.35 子曰："骥不称其力，称其德也。"

① 方人：评论别人的长短。② 逆诈：事先猜疑别人存心欺诈。③ 亿：通"臆"，主观地猜测、臆测。④ 微生亩：人名，姓微生，名亩，鲁国人。⑤ 栖栖：不安定的样子。⑥ 疾固：痛恨那些顽固不化的人。固，固执，世道的固陋。

14.36 或曰："以德报怨，何如？"子曰："何以报德？以直报怨，以德报德。"

14.37 子曰："莫我知也夫！"子贡曰："何为其莫知子也？"子曰："不怨天，不尤①人。下学而上达②。知我者其天乎！"

14.38 公伯寮愬③子路于季孙。子服景伯以告，曰："夫子固有惑志于公伯寮，吾力犹能肆诸市朝④。"子曰："道之将行也与，命也；道之将废也与，命也。公伯寮其如命何？"

14.39 子曰："贤者辟⑤世，其次辟地，

① 尤：责怪，归咎。② 下学而上达：下学学人事，上达达天命。③ 公伯寮：与子服景伯均为鲁国当时的大夫，一般认为他是孔子弟子，也有学者认为未必是。愬：通"诉"，诽谤。④ 肆诸市朝：古时处死罪人后陈尸以示众。⑤ 辟：通"避"，逃避，躲避。

qí cì bì sè qí cì bì yán
其次辟色，其次辟言。”

zǐ yuē zuò zhě qī rén yǐ
14.40 子曰：“作者七人矣。”

zǐ lù sù yú shí mén chén mén yuē xī
14.41 子路宿于石门。晨门①曰：“奚

zì zǐ lù yuē zì kǒng shì yuē shì zhī qí
自？”子路曰：“自孔氏。”曰：“是知其

bù kě ér wéi zhī zhě yú
不可而为之者与？”

zǐ jī qìng yú wèi yǒu hè kuì ér guò kǒng
14.42 子击磬于卫。有荷蒉②而过孔

shì zhī mén zhě yuē yǒu xīn zāi jī qìng hū jì
氏之门者，曰：“有心哉，击磬乎！”既

ér yuē bǐ zāi kēng kēng hū mò jǐ zhī yě sī
而曰：“鄙哉！硁硁乎！莫己知也，斯

jǐ ér yǐ yǐ shēn zé lì qiǎn zé qì zǐ yuē
己而已矣。深则厉，浅则揭③。”子曰：

guǒ zāi mò zhī nán yǐ
“果哉！末之难矣。”

zǐ zhāng yuē shū yún gāo zōng liàng
14.43 子张曰：“《书》云：‘高宗谅

yīn sān nián bù yán hé wèi yě zǐ yuē hé
阴④，三年不言。’何谓也？”子曰：“何

① 晨门：看守城门的人。② 荷：肩扛。蒉：草编的筐子。③ 深则厉，浅则揭：穿着衣服涉水叫厉，提起衣襟涉水叫揭。这里用来比喻处世也要审时度势，知道深浅。出自《诗经·邶风·匏有苦叶》。④ 高宗：商王武丁的庙号。谅阴：天子居丧。

bì gāo zōng gǔ zhī rén jiē rán jūn hōng bǎi guān zǒng jǐ
必高宗，古之人皆然。君薨，百官总己
yǐ tīng yú zhǒng zǎi sān nián
以听于冢宰①三年。”

zǐ yuē shàng hào lǐ zé mín yì shǐ yě
14.44 子曰：“上好礼，则民易使也。”

zǐ lù wèn jūn zǐ zǐ yuē xiū jǐ yǐ jìng
14.45 子路问君子。子曰：“修己以敬。”
yuē rú sī ér yǐ hū yuē xiū jǐ yǐ ān rén
曰：“如斯而已乎？”曰：“修己以安人。”
yuē rú sī ér yǐ hū yuē xiū jǐ yǐ ān bǎi
曰：“如斯而已乎？”曰：“修己以安百
xìng xiū jǐ yǐ ān bǎi xìng yáo shùn qí yóu bìng zhū
姓。修己以安百姓，尧舜其犹病诸！”

yuán rǎng yí sì zǐ yuē yòu ér bú xùn
14.46 原壤夷俟②。子曰：“幼而不孙
tì zhǎng ér wú shù yān lǎo ér bù sǐ shì wéi zéi
弟③，长而无述焉，老而不死，是为贼。”
yǐ zhàng kòu qí jìng
以杖叩其胫。

què dǎng tóng zǐ jiāng mìng huò wèn zhī yuē
14.47 阙党童子将命④。或问之曰：

① 冢宰：官名，是辅佐天子行政的最高行政长官。② 原壤：鲁国人，孔子旧友。夷俟：蹲踞以待，不出迎，亦不正坐。夷，蹲踞。俟，等待。③ 孙弟：通“逊悌”，敬顺兄长。④ 阙党童子将命：阙党童子，孔子所居住的阙里的一个小孩子。将命，在宾主之间传递命令。

“益者与？”子曰：“吾见其居于位[1]也，见其与先生并行也。非求益者也，欲速成者也。”

①居于位：指小孩坐在成年人应该坐的地方。

wèi líng gōng dì shí wǔ
卫灵公第十五

本篇共四十一章。首先，记录孔子论述三十五章；其次，记录孔子回答弟子、时人言论六章。

本篇主要围绕为政之道、成仁之德展开论述。孔子通过回答卫灵公问阵以及弟子问行、问为仁、问为邦等问题，着重对为政以及君子、仁人、道作了多方面论述。孔子反对战争，对卫灵公问军队之事明确表示不感兴趣，因为这与孔子所倡导的德政背道而驰。孔子称赞舜的“无为而治”，即国君任用贤人治天下，君不必亲政，这也是贤明君主达到圣人修为的表现。孔子要求为政君子注重个人的道德修养，做到重义、守礼、谦逊、诚信等，不要一味地苛责他人，不要终日言不及义，要谋道不谋食、忧道不忧贫，要弘扬道义，做到“言忠信，行笃敬”，尤其要有崇高的理想追求和人生境界，做到“杀身成仁”。

孔子周游列国，目的就是宣扬自己的德治仁政主张。

当卫灵公问军旅之事时，孔子觉得卫国不是施展自己政治抱负的地方，毅然离开了卫国。孔子面对春秋末期战争频繁、民不聊生的动乱时局，发出“知德者鲜矣”“未见好德如好色者也”的感叹，并站在历史制高点上回应社会关切，关注社会稳定、民众和谐安宁以及国家的长治久安；同时高举“人能弘道，非道弘人”的旗帜，发出“人无远虑，必有近忧”的呐喊，要人们做道德高尚的君子，积极参与社会国家治理，鼓励人们要有崇高的人生境界，争做“无求生以害仁，有杀身以成仁”的志士仁人。

wèi líng gōng wèn zhèn yú kǒng zǐ kǒng zǐ duì
15.1 卫灵公问陈①于孔子。孔子对
yuē zǔ dòu zhī shì zé cháng wén zhī yǐ jūn lǚ zhī
曰："俎豆②之事，则尝闻之矣；军旅之
shì wèi zhī xué yě míng rì suì xíng zài chén jué liáng
事，未之学也。"明日遂行。在陈绝粮，
cóng zhě bìng mò néng xīng zǐ lù yùn jiàn yuē jūn
从者病，莫能兴③。子路愠见曰："君
zǐ yì yǒu qióng hū zǐ yuē jūn zǐ gù qióng xiǎo
子亦有穷乎？"子曰："君子固穷④，小
rén qióng sī làn yǐ
人穷斯滥⑤矣。"

zǐ yuē cì yě rǔ yǐ yú wéi duō xué ér
15.2 子曰："赐也，女以予为多学而
zhì zhī zhě yú duì yuē rán fēi yú yuē fēi
识之者与？"对曰："然，非与？"曰："非
yě yú yī yǐ guàn zhī
也，予一以贯之。"

zǐ yuē yóu zhī dé zhě xiǎn yǐ
15.3 子曰："由！知德者鲜矣。"

zǐ yuē wú wéi ér zhì zhě qí shùn yě yú
15.4 子曰："无为而治者，其舜也与？
fú hé wéi zāi gōng jǐ zhèng nán miàn ér yǐ yǐ
夫何为哉？恭己⑥正南面而已矣。"

① 陈：通"阵"，军阵，指有关打仗的事。② 俎豆：礼器，代指礼仪之事。③ 兴：起来。④ 固穷：虽穷困仍能固守其道，不失气节。⑤ 滥：水满溢，比喻行为越轨。⑥ 恭己：容貌端正庄严，指能够克己修身，是有德行的表现。

zǐ zhāng wèn xíng zǐ yuē yán zhōng xìn
15.5 子张问行①。子曰："言忠信，
xíng dǔ jìng suī mán mò zhī bāng xíng yǐ yán bù zhōng
行笃敬，虽蛮貊②之邦，行矣。言不忠
xìn xíng bù dǔ jìng suī zhōu lǐ xíng hū zāi lì zé
信，行不笃敬，虽州里③，行乎哉？立则
jiàn qí cān yú qián yě zài yú zé jiàn qí yǐ yú héng yě
见其参于前也，在舆则见其倚于衡④也，
fú rán hòu xíng zǐ zhāng shū zhū shēn
夫然后行。"子张书诸绅⑤。

zǐ yuē zhí zāi shǐ yú bāng yǒu dào
15.6 子曰："直哉史鱼⑥！邦有道，
rú shǐ bāng wú dào rú shǐ jūn zǐ zāi qú bó yù
如矢⑦；邦无道，如矢。君子哉蘧伯玉！
bāng yǒu dào zé shì bāng wú dào zé kě juǎn ér huái zhī
邦有道，则仕；邦无道，则可卷而怀之⑧。"

zǐ yuē kě yǔ yán ér bù yǔ zhī yán shī
15.7 子曰："可与言而不与之言，失
rén bù kě yǔ yán ér yǔ zhī yán shī yán zhì zhě bù
人；不可与言而与之言，失言。知者不
shī rén yì bù shī yán
失人，亦不失言。"

zǐ yuē zhì shì rén rén wú qiú shēng yǐ
15.8 子曰："志士仁人，无求生以

①行：通达。②蛮貊：古时对少数民族的称谓，蛮在南方，貊在北方。③州里：周代的居民编制，五党为州，每州两千五百户，每里二十五户。泛指乡里或本土。④衡：车辕前端的横木。⑤绅：系在腰间的大带子。⑥史鱼：史，官名。鱼，卫国大夫，名鳝，字子鱼。⑦如矢：像箭一样直。矢，箭。⑧卷而怀之：把自己的本领隐藏起来。卷，收。怀，藏、隐藏。

hài rén yǒu shā shēn yǐ chéng rén
害仁，有杀身以成仁。”

zǐ gòng wèn wéi rén zǐ yuē gōng yù shàn
15.9 子贡问为仁。子曰：“工欲善
qí shì bì xiān lì qí qì jū shì bāng yě shì qí dà
其事，必先利其器。居是邦也，事其大
fū zhī xián zhě yǒu qí shì zhī rén zhě
夫之贤者，友其士之仁者。”

yán yuān wèn wéi bāng zǐ yuē xíng xià zhī
15.10 颜渊问为邦。子曰：“行夏之
shí chéng yīn zhī lù fú zhōu zhī miǎn yuè zé
时①，乘殷之辂②，服周之冕③，乐则
sháo wǔ fàng zhèng shēng yuǎn nìng rén zhèng shēng
《韶》舞④。放郑声⑤，远佞人。郑声
yín nìng rén dài
淫⑥，佞人殆⑦。”

zǐ yuē rén wú yuǎn lǜ bì yǒu jìn yōu
15.11 子曰：“人无远虑，必有近忧。”

zǐ yuē yǐ yǐ hū wú wèi jiàn hào dé
15.12 子曰：“已矣乎！吾未见好德
rú hào sè zhě yě
如好色者也。”

zǐ yuē zāng wén zhòng qí qiè wèi zhě
15.13 子曰：“臧文仲⑧其窃位⑨者

① 夏之时：夏代的历法，即现在的农历。时，历法。② 殷之辂：辂，天子所乘的车。殷代的辂比较质朴。③ 周之冕：冕，礼帽。周代的冕比以前的要华美。④《韶》舞：《韶》乐是舜时的舞乐，孔子认为其尽善尽美。⑤ 放：禁绝。郑声：郑国的乐曲，孔子认为是靡靡之音。⑥ 淫：浮靡，不正派。⑦ 殆：危险。⑧ 臧文仲：又称臧孙辰，姓臧孙，名辰，谥号文仲。鲁国著名大夫，历仕于鲁庄公、闵公、僖公、文公四世。⑨ 窃位：身居官位而不称职。

yú zhī liǔ xià huì zhī xián ér bù yǔ wèi yě
与？知柳下惠①之贤，而不与立也。”

zǐ yuē gōng zì hòu ér bó zé yú rén
15.14 子曰：“躬自厚而薄责于人，

zé yuǎn yuàn yǐ
则远怨矣。”

zǐ yuē bù yuē rú zhī hé rú zhī
15.15 子曰：“不曰‘如之何②，如之

hé zhě wú mò rú zhī hé yě yǐ yǐ
何’者，吾末如之何也已矣。”

zǐ yuē qún jū zhōng rì yán bù jí yì
15.16 子曰：“群居终日，言不及义，

hào xíng xiǎo huì nán yǐ zāi
好行小慧③，难矣哉！”

zǐ yuē jūn zǐ yì yǐ wéi zhì lǐ yǐ
15.17 子曰：“君子义以为质，礼以

xíng zhī xùn yǐ chū zhī xìn yǐ chéng zhī jūn zǐ zāi
行之，孙以出之，信以成之。君子哉！”

zǐ yuē jūn zǐ bìng wú néng yān bú bìng
15.18 子曰：“君子病④无能焉，不病

rén zhī bù jǐ zhī yě
人之不己知也。”

zǐ yuē jūn zǐ jí mò shì ér míng bù
15.19 子曰：“君子疾没世⑤而名不

chēng yān
称焉。”

① 柳下惠：本名展获，字禽，又叫展季，鲁国人。② 如之何：怎么办。③ 小慧：小聪明。④ 病：以……为忧，以……为不足。⑤ 没世：死亡。

zǐ yuē jūn zǐ qiú zhū jǐ xiǎo rén qiú
15.20 子曰：“君子求诸己，小人求
zhū rén
诸人。”

zǐ yuē jūn zǐ jīn ér bù zhēng qún
15.21 子曰：“君子矜①而不争，群
ér bù dǎng
而不党②。”

zǐ yuē jūn zǐ bù yǐ yán jǔ rén bù
15.22 子曰：“君子不以言举人，不
yǐ rén fèi yán
以人废言。”

zǐ gòng wèn yuē yǒu yì yán ér kě yǐ
15.23 子贡问曰：“有一言而可以
zhōng shēn xíng zhī zhě hū zǐ yuē qí shù hū jǐ
终身行之者乎？”子曰：“其恕乎！己
suǒ bú yù wù shī yú rén
所不欲，勿施于人。”

zǐ yuē wú zhī yú rén yě shuí huǐ shuí
15.24 子曰：“吾之于人也，谁毁谁
yù rú yǒu suǒ yù zhě qí yǒu suǒ shì yǐ sī mín
誉？如有所誉者，其有所试③矣。斯民
yě sān dài zhī suǒ yǐ zhí dào ér xíng yě
也，三代之所以直道而行也④。”

zǐ yuē wú yóu jí shǐ zhī quē wén yě
15.25 子曰：“吾犹及史之阙文⑤也；

①矜：庄重。②党：结派，偏私。③试：考察，验证。④斯民也，三代之所以直道而行也：三代以来，百姓都是依直道而行的，对是非毁誉都有公正的评判。斯民，当世与吾同生之民。⑤阙文：史官记史，遇到有疑问的地方就缺而不记。

yǒu mǎ zhě jiè rén chéng zhī jīn wú yǐ fú
有马者借人乘之，今亡矣夫！”

zǐ yuē qiǎo yán luàn dé xiǎo bù rěn zé luàn dà móu
15.26 子曰：“巧言乱德，小不忍则乱大谋。”

zǐ yuē zhòng wù zhī bì chá yān zhòng hào zhī bì chá yān
15.27 子曰：“众恶之，必察焉；众好之，必察焉。”

zǐ yuē rén néng hóng dào fēi dào hóng rén
15.28 子曰：“人能弘道，非道弘人。”

zǐ yuē guò ér bù gǎi shì wèi guò yǐ
15.29 子曰：“过而不改，是谓过矣。”

zǐ yuē wú cháng zhōng rì bù shí zhōng yè bù qǐn yǐ sī wú yì bù rú xué yě
15.30 子曰：“吾尝终日不食，终夜不寝，以思，无益，不如学也。”

zǐ yuē jūn zǐ móu dào bù móu shí gēng yě něi zài qí zhōng yǐ xué yě lù zài qí zhōng yǐ jūn zǐ yōu dào bù yōu pín
15.31 子曰：“君子谋道不谋食。耕也，馁①在其中矣；学也，禄在其中矣。君子忧道不忧贫。”

zǐ yuē zhì jí zhī rén bù néng shǒu zhī
15.32 子曰：“知及之，仁不能守之，

①馁：饥饿。

suī dé zhī bì shī zhī zhì jí zhī rén néng shǒu zhī
虽得之，必失之。知及之，仁能守之，
bù zhuāng yǐ lì zhī zé mín bú jìng zhì jí zhī rén
不庄以莅之①，则民不敬。知及之，仁
néng shǒu zhī zhuāng yǐ lì zhī dòng zhī bù yǐ lǐ wèi shàn
能守之，庄以莅之，动之不以礼，未善
yě
也。”

zǐ yuē jūn zǐ bù kě xiǎo zhī ér kě dà
15.33 子曰：“君子不可小知而可大
shòu yě xiǎo rén bù kě dà shòu ér kě xiǎo zhī yě
受②也，小人不可大受而可小知也。”

zǐ yuē mín zhī yú rén yě shèn yú shuǐ
15.34 子曰：“民之于仁也，甚于水
huǒ shuǐ huǒ wú jiàn dǎo ér sǐ zhě yǐ wèi jiàn dǎo rén
火。水火，吾见蹈而死者矣，未见蹈仁
ér sǐ zhě yě
而死者也。”

zǐ yuē dāng rén bú ràng yú shī
15.35 子曰：“当仁不让于师。”

zǐ yuē jūn zǐ zhēn ér bú liàng
15.36 子曰：“君子贞而不谅③。”

zǐ yuē shì jūn jìng qí shì ér hòu qí shí
15.37 子曰：“事君，敬其事而后其食。”

zǐ yuē yǒu jiào wú lèi
15.38 子曰：“有教无类。”

① 不庄以莅之：不用庄重的态度治理人民。庄，严肃、庄重。莅，临、到，引申为治理。② 大受：承担大任。③ 贞：大信。谅：小信，不问是非死守信用。

zǐ yuē dào bù tóng bù xiāng wéi móu
15.39 子曰："道不同，不相为谋。"

zǐ yuē cí dá ér yǐ yǐ
15.40 子曰："辞达而已矣。"

shī miǎn jiàn jí jiē zǐ yuē jiē yě
15.41 师冕①见，及阶，子曰："阶也。"
jí xí zǐ yuē xí yě jiē zuò zǐ gào zhī yuē
及席，子曰："席也。"皆坐，子告之曰：
mǒu zài sī mǒu zài sī shī miǎn chū zǐ zhāng wèn
"某在斯②，某在斯。"师冕出。子张问
yuē yǔ shī yán zhī dào yú zǐ yuē rán gù
曰："与师言之道与？"子曰："然，固
xiàng shī zhī dào yě
相③师之道也。"

① 师冕：乐师，名冕。古代乐师一般是盲人。② 某在斯：即列举在座之人告之于师冕。③ 相：帮助。

jì shì dì shí liù

季氏第十六

本篇共十四章。首先，记录孔子论述十章；其次，记录孔子批评弟子冉求、子路未阻止季氏伐颛臾一章；再者，记录评价历史人物一章，陈亢问伯鱼一章，谈论邦君之妻称谓一章。

本篇主要围绕治国之道与君子之道等相关问题展开论述。孔子认为“天下有道”，如制定礼乐与出兵打仗等治国大事应由拥有最高权力的天子决定，而季氏僭越礼制，把持鲁国国政，擅自决定攻打颛臾，反映了“天下无道”。孔子批评弟子冉求、子路不阻止季氏的专权征伐，并指出鲁国政权落到大夫手中已经四代了。孔子提醒为政君子要注意交往让自己受益的朋友、享受有益的快乐，做到“三戒”“三畏”“九思”，遵守礼制，为人公道正派，拥有值得世人称道的德行，以便流芳百世。

孔子追求天下有道的社会，要人们各安其位、各司其责，尤其要为政者在其位谋其政、思不出其位，对鲁国季氏那样僭越礼制，专权国政，将自身凌驾国君之上，形成君不君、臣不臣的现象，给予强烈批评。特别是孔子提出的做人、交友之道，以及君子“三戒”“三畏”“九思”等修身之法，虽历经两千多年，至今对我们仍有很好的借鉴意义。

jì shì jiāng fá zhuān yú rǎn yǒu jì lù
16.1 季氏将伐颛臾①。冉有、季路
jiàn yú kǒng zǐ yuē jì shì jiāng yǒu shì yú zhuān yú
见于孔子曰："季氏将有事②于颛臾。"
kǒng zǐ yuē qiú wú nǎi ěr shì guò yú fú zhuān
孔子曰："求！无乃尔是过与？夫颛
yú xī zhě xiān wáng yǐ wéi dōng méng zhǔ qiě zài bāng yù
臾，昔者先王以为东蒙主③，且在邦域
zhī zhōng yǐ shì shè jì zhī chén yě hé yǐ fá wéi
之中矣，是社稷之臣也。何以伐为？"
rǎn yǒu yuē fú zǐ yù zhī wú èr chén zhě jiē bú yù
冉有曰："夫子欲之，吾二臣者皆不欲
yě kǒng zǐ yuē qiú zhōu rèn yǒu yán yuē chén
也。"孔子曰："求！周任④有言曰：'陈
lì jiù liè bù néng zhě zhǐ wēi ér bù chí diān ér
力就列，不能者止⑤。'危而不持，颠而
bù fú zé jiāng yān yòng bǐ xiàng yǐ qiě ěr yán guò yǐ
不扶，则将焉用彼相⑥矣？且尔言过矣。
hǔ sì chū yú xiá guī yù huǐ yú dú zhōng shì shuí
虎兕出于柙⑦，龟玉毁于椟中⑧，是谁

① 颛臾：国名，鲁之附庸。② 有事：用兵。③ 东蒙主：东蒙，蒙山，在山东蒙阴县。主，主持祭祀的人。④ 周任：古代的良史。⑤ 陈力就列，不能者止：拿出自己的才力，按才力担任相应的职位，如果不能胜任就要辞职。⑥ 相：扶持，辅佐。⑦ 虎兕出于柙：老虎、犀牛等害人的猛兽从笼子里跑出来。虎兕，老虎、犀牛，指害人的猛兽。柙，用来关押野兽的笼子。⑧ 龟玉毁于椟中：龟甲、玉器在匣子里毁坏了。龟玉，龟甲、玉器，前者一般用于占卜，后者一般用于祭祀，代指重要的礼器。椟，匣子。

zhī guò yú rǎn yǒu yuē jīn fú zhuān yú gù ér jìn
之过与？”冉有曰：“今夫颛臾，固而近
yú bì jīn bù qǔ hòu shì bì wéi zǐ sūn yōu kǒng zǐ
于费。今不取，后世必为子孙忧。”孔子
yuē qiú jūn zǐ jí fú shě yuē yù zhī ér bì wéi zhī
曰：“求！君子疾夫舍曰欲之而必为之
cí qiū yě wén yǒu guó yǒu jiā zhě bú huàn guǎ ér huàn bù
辞。丘也闻有国有家者，不患寡而患不
jūn bú huàn pín ér huàn bù ān gài jūn wú pín hé wú
均，不患贫而患不安。盖均无贫，和无
guǎ ān wú qīng fú rú shì gù yuǎn rén bù fú zé
寡，安无倾。夫如是，故远人不服，则
xiū wén dé yǐ lái zhī jì lái zhī zé ān zhī jīn yóu
修文德以来之。既来之，则安之。今由
yǔ qiú yě xiàng fú zǐ yuǎn rén bù fú ér bù néng lái yě
与求也，相夫子，远人不服而不能来也，
bāng fēn bēng lí xī ér bù néng shǒu yě ér móu dòng gān gē
邦分崩离析而不能守也，而谋动干戈
yú bāng nèi wú kǒng jì sūn zhī yōu bú zài zhuān yú ér
于邦内。吾恐季孙之忧，不在颛臾，而
zài xiāo qiáng zhī nèi yě
在萧墙①之内也。”

kǒng zǐ yuē tiān xià yǒu dào zé lǐ yuè
16.2 孔子曰：“天下有道，则礼乐

① 萧墙：古代国君宫室前用以分割内外的小墙，臣下来见国君，来到此小墙就肃然起敬，所以叫萧墙。

zhēng fá zì tiān zǐ chū tiān xià wú dào zé lǐ yuè zhēng fá
征伐自天子出；天下无道，则礼乐征伐
zì zhū hóu chū zì zhū hóu chū gài shí shì xī bù shī
自诸侯出。自诸侯出，盖十世希①不失
yǐ zì dà fū chū wǔ shì xī bù shī yǐ péi chén zhí
矣；自大夫出，五世希不失矣；陪臣②执
guó mìng sān shì xī bù shī yǐ tiān xià yǒu dào zé zhèng
国命，三世希不失矣。天下有道，则政
bú zài dà fū tiān xià yǒu dào zé shù rén bú yì
不在大夫。天下有道，则庶人不议。”

kǒng zǐ yuē lù zhī qù gōng shì wǔ shì
16.3 孔子曰：“禄之去公室五世③
yǐ zhèng dài yú dà fū sì shì yǐ gù fú sān huán zhī
矣，政逮于大夫四世④矣，故夫三桓之
zǐ sūn wēi yǐ
子孙微矣。”

kǒng zǐ yuē yì zhě sān yǒu sǔn zhě sān yǒu
16.4 孔子曰：“益者三友，损者三友。
yǒu zhí yǒu liàng yǒu duō wén yì yǐ yǒu pián pì
友直，友谅，友多闻，益矣。友便辟⑤，
yǒu shàn róu yǒu pián nìng sǔn yǐ
友善柔⑥，友便佞⑦，损矣。”

kǒng zǐ yuē yì zhě sān lè sǔn zhě sān lè
16.5 孔子曰：“益者三乐，损者三乐。

① 希：通“稀”，稀少。② 陪臣：卿大夫的家臣。③ 五世：指鲁宣公、成公、襄公、昭公、定公五世。④ 四世：指季孙氏文子、武子、平子、桓子四世。⑤ 便辟：善于避开人之所忌以求媚，即逢迎谄媚。⑥ 善柔：善于和颜悦色骗人。⑦ 便佞：惯于花言巧语。

lè jié lǐ yuè lè dào rén zhī shàn lè duō xián yǒu yì yǐ
乐节礼乐，乐道人之善，乐多贤友，益矣。
lè jiāo lè lè yì yóu lè yàn lè sǔn yǐ
乐骄乐，乐佚游，乐晏乐①，损矣。”

kǒng zǐ yuē shì yú jūn zǐ yǒu sān qiān
16.6 孔子曰：“侍于君子有三愆②：
yán wèi jí zhī ér yán wèi zhī zào yán jí zhī ér bù yán
言未及之而言，谓之躁；言及之而不言，
wèi zhī yǐn wèi jiàn yán sè ér yán wèi zhī gǔ
谓之隐；未见颜色而言，谓之瞽。”

kǒng zǐ yuē jūn zǐ yǒu sān jiè shào zhī shí
16.7 孔子曰：“君子有三戒：少之时，
xuè qì wèi dìng jiè zhī zài sè jí qí zhuàng yě xuè qì
血气未定，戒之在色；及其壮也，血气
fāng gāng jiè zhī zài dòu jí qí lǎo yě xuè qì jì shuāi
方刚，戒之在斗；及其老也，血气既衰，
jiè zhī zài dé
戒之在得。”

kǒng zǐ yuē jūn zǐ yǒu sān wèi wèi tiān mìng
16.8 孔子曰：“君子有三畏：畏天命，
wèi dà rén wèi shèng rén zhī yán xiǎo rén bù zhī tiān mìng
畏大人，畏圣人之言。小人不知天命
ér bú wèi yě xiá dà rén wǔ shèng rén zhī yán
而不畏也，狎③大人，侮圣人之言。”

kǒng zǐ yuē shēng ér zhī zhī zhě shàng yě
16.9 孔子曰：“生而知之者，上也；

①骄乐：骄纵不知节制的乐。佚：通“逸”。晏乐：沉溺于饮酒作乐。②愆：过失。③狎：不尊重，轻慢。

xué ér zhī zhī zhě cì yě kùn ér xué zhī yòu qí cì
学而知之者，次也；困而学之，又其次
yě kùn ér bù xué mín sī wéi xià yǐ
也；困而不学，民斯为下矣。”

kǒng zǐ yuē jūn zǐ yǒu jiǔ sī shì sī
16.10 孔子曰：“君子有九思：视思
míng tīng sī cōng sè sī wēn mào sī gōng yán sī zhōng
明，听思聪，色思温，貌思恭，言思忠，
shì sī jìng yí sī wèn fèn sī nàn jiàn dé sī yì
事思敬，疑思问，忿思难，见得思义。”

kǒng zǐ yuē jiàn shàn rú bù jí jiàn bú
16.11 孔子曰：“见善如不及，见不
shàn rú tàn tāng wú jiàn qí rén yǐ wú wén qí yǔ yǐ
善如探汤①。吾见其人矣，吾闻其语矣。
yǐn jū yǐ qiú qí zhì xíng yì yǐ dá qí dào wú wén qí
隐居以求其志，行义以达其道。吾闻其
yǔ yǐ wèi jiàn qí rén yě
语矣，未见其人也。”

qí jǐng gōng yǒu mǎ qiān sì sǐ zhī rì
16.12 齐景公有马千驷②，死之日，
mín wú dé ér chēng yān bó yí shū qí è yú shǒu yáng
民无德而称焉。伯夷、叔齐饿于首阳③
zhī xià mín dào yú jīn chēng zhī qí sī zhī wèi yú
之下，民到于今称之。其斯之谓与？

chén gāng wèn yú bó yú yuē zǐ yì yǒu
16.13 陈亢④问于伯鱼曰：“子亦有

① 探汤：把手伸进热水。探，动词，伸。汤，热水。② 千驷：四千匹马。③ 首阳：山名。④ 陈亢：即陈子禽，孔子弟子。

yì wén hū duì yuē wèi yě cháng dú lì lǐ
异闻①乎？”对曰：“未也。尝独立，鲤

qū ér guò tíng yuē xué shī hū duì yuē
趋而过庭。曰：‘学《诗》乎？’对曰：

wèi yě bù xué shī wú yǐ yán lǐ tuì ér
‘未也。’‘不学《诗》，无以言。’鲤退而

xué shī tā rì yòu dú lì lǐ qū ér guò tíng
学《诗》。他日，又独立，鲤趋而过庭。

yuē xué lǐ hū duì yuē wèi yě bù
曰：‘学《礼》乎？’对曰：‘未也。’‘不

xué lǐ wú yǐ lì lǐ tuì ér xué lǐ wén
学《礼》，无以立。’鲤退而学《礼》。闻

sī èr zhě chén gāng tuì ér xǐ yuē wèn yī dé sān
斯二者。”陈亢退而喜曰：“问一得三，

wén shī wén lǐ yòu wén jūn zǐ zhī yuǎn qí
闻《诗》，闻《礼》，又闻君子之远②其

zǐ yě
子也。”

bāng jūn zhī qī jūn chēng zhī yuē fū rén fū
16.14 邦君之妻，君称之曰夫人，夫

rén zì chēng yuē xiǎo tóng bāng rén chēng zhī yuē jūn fū rén
人自称曰小童；邦人称之曰君夫人，

chēng zhū yì bāng yuē guǎ xiǎo jūn yì bāng rén chēng zhī yì yuē
称诸异邦曰寡小君；异邦人称之亦曰

jūn fū rén
君夫人。

①异闻：指不同于对其他学生所讲的内容。②远：不亲近，不偏爱。

yáng huò dì shí qī

阳货第十七

本篇共二十六章。首先，记录孔子论述十五章；其次，记录孔子与弟子、时人问对十章；再者，记录孺悲欲见孔子一章。

本篇主要围绕人性（先天）与学习（后天）展开论述，表达了孔子对学习与从政的看法——学《礼》、学《诗》是修身为政的前提基础。孔子反对阳货掌控鲁国执政卿季孙氏家事而干预国政即“陪臣执国命”的僭越行为，对阳货邀请出仕不予配合。孔子由此事引发对人性问题的思考，进而发现人的天性是很相近的，只因后天学习或社会习染才出现了很大变化。于是，孔子告诫弟子子路说，即使有仁、知、信、直、勇、刚等好的品德，如果不好学、不改造提升自己，也会出现愚、荡、贼、绞、乱、狂等弊病。所以孔子教育弟子们学《礼》、学《诗》，遵守道义，不要花言巧语。

孔子基于对人“性相近，习相远”的认识，教育弟子用礼乐教化百姓，要求弟子具备恭、宽、信、敏、惠等五种从政品德，以施仁政于百姓。其实，孔子终生怀才不遇，一直想施展自己的政治抱负。虽有两次机会（一次公山弗扰召，一次佛肸召），但都被子路劝阻。孔子没有就此一蹶不振，而是把所有的希望都寄托在弟子身上，一如既往地宣扬自己的政治主张。他要弟子们学《诗》守礼，不要做老好人，不要患得患失，教育弟子要有崇高的人生追求，鼓励弟子积极修身入仕，以改变无道社会，造福天下苍生。

17.1 阳货①欲见孔子，孔子不见，归②孔子豚。孔子时其亡③也，而往拜之，遇诸涂④。谓孔子曰："来！予与尔言。"曰："怀其宝而迷其邦，可谓仁乎？"曰："不可。""好从事而亟⑤失时，可谓知乎？"曰："不可。""日月逝矣，岁不我与。"孔子曰："诺。吾将仕矣。"

17.2 子曰："性相近也，习相远也。"

17.3 子曰："唯上知与下愚不移。"

17.4 子之武城，闻弦歌之声。夫子莞尔⑥而笑，曰："割鸡焉用牛刀？"

① 阳货：鲁国季孙氏的家臣，又叫阳虎。他曾经一度通过掌控鲁国执政卿季孙氏的家事而干预国政，后来又阴谋作乱，失败后逃奔晋国。② 归：馈赠，以物相赠。③ 时其亡：等他外出的时候。时，通"伺"，暗中打听、趁机。亡，通"无"，这里指不在家。④ 涂：通"途"，道路。⑤ 亟：屡次。⑥ 莞尔：微笑的样子。

zǐ yóu duì yuē xī zhě yǎn yě wén zhū fū zǐ yuē jūn
子游对曰："昔者偃也闻诸夫子曰：'君
zǐ xué dào zé ài rén xiǎo rén xué dào zé yì shǐ yě zǐ
子学道则爱人，小人学道则易使也。'"子
yuē èr sān zǐ yǎn zhī yán shì yě qián yán xì zhī
曰："二三子！偃之言是也。前言戏之
ěr
耳。"

gōng shān fú rǎo yǐ bì pàn zhào zǐ yù wǎng
17.5 公山弗扰①以费畔②，召，子欲往。
zǐ lù bú yuè yuē mò zhī yě yǐ hé bì gōng shān shì
子路不说，曰："末之也已，何必公山氏
zhī zhī yě zǐ yuē fú zhào wǒ zhě ér qǐ tú
之之也③？"子曰："夫召我者，而岂徒④
zāi rú yǒu yòng wǒ zhě wú qí wéi dōng zhōu hū
哉？如有用我者，吾其为东周乎？"

zǐ zhāng wèn rén yú kǒng zǐ kǒng zǐ yuē néng
17.6 子张问仁于孔子。孔子曰："能
xíng wǔ zhě yú tiān xià wéi rén yǐ qǐng wèn zhī yuē
行五者于天下，为仁矣。"请问之。曰：
gōng kuān xìn mǐn huì gōng zé bù wǔ kuān zé
"恭、宽、信、敏、惠。恭则不侮，宽则
dé zhòng xìn zé rén rèn yān mǐn zé yǒu gōng huì zé zú
得众，信则人任焉，敏则有功，惠则足
yǐ shǐ rén
以使人。"

① 公山弗扰：季氏的家臣，又名公山不狃。② 畔：通"叛"。③ 何必公山氏之之也：第一个"之"是助词，第二个"之"是动词，去的意思。④ 徒：徒然，空。

bì xī zhào zǐ yù wǎng zǐ lù yuē
17.7 佛肸①召，子欲往。子路曰：
xī zhě yóu yě wén zhū fū zǐ yuē qīn yú qí shēn wéi bú
“昔者由也闻诸夫子曰：‘亲于其身为不
shàn zhě jūn zǐ bú rù yě bì xī yǐ zhōng mù pàn zǐ
善者，君子不入也。’佛肸以中牟畔，子
zhī wǎng yě rú zhī hé zǐ yuē rán yǒu shì
之往也，如之何？”子曰：“然。有是
yán yě bù yuē jiān hū mó ér bú lìn bù yuē
言也。不曰坚乎，磨而不磷②；不曰
bái hū niè ér bù zī wú qǐ páo guā yě zāi
白乎，涅而不缁③。吾岂匏瓜④也哉？
yān néng xì ér bù shí
焉能系而不食？”

zǐ yuē yóu yě rǔ wén liù yán liù bì yǐ
17.8 子曰：“由也，女闻六言六蔽矣
hū duì yuē wèi yě jū wú yù rǔ hào
乎？”对曰：“未也。”“居！吾语女。好
rén bú hào xué qí bì yě yú hào zhì bú hào xué qí
仁不好学，其蔽也愚；好知不好学，其
bì yě dàng hào xìn bú hào xué qí bì yě zéi hào zhí
蔽也荡⑤；好信不好学，其蔽也贼⑥；好直
bú hào xué qí bì yě jiǎo hào yǒng bú hào xué qí bì yě
不好学，其蔽也绞⑦；好勇不好学，其蔽也

① 佛肸：晋国大夫范氏的家臣。② 磷：薄，损伤。③ 涅而不缁：染而不黑。涅，黑色的染料，引申为用黑色染料染色。④ 匏瓜：葫芦中的一种，味苦不能吃，可以系在腰间用于渡水。⑤ 荡：好高骛远而没有基础。⑥ 贼：伤害。⑦ 绞：说话尖刻。

luàn hào gāng bú hào xué qí bì yě kuáng
乱；好刚不好学，其蔽也狂。”

zǐ yuē xiǎo zǐ hé mò xué fú shī
17.9 子曰：“小子何莫学夫《诗》？
shī kě yǐ xīng kě yǐ guān kě yǐ qún kě yǐ yuàn
《诗》可以兴，可以观，可以群，可以怨①。
ěr zhī shì fù yuǎn zhī shì jūn duō shí yú niǎo shòu cǎo mù
迩之事父，远之事君；多识于鸟兽草木
zhī míng
之名。”

zǐ wèi bó yú yuē rǔ wéi zhōu nán
17.10 子谓伯鱼曰：“女为《周南》
shào nán yǐ hū rén ér bù wéi zhōu nán shào
《召南》②矣乎？人而不为《周南》《召
nán qí yóu zhèng qiáng miàn ér lì yě yú
南》，其犹正墙面而立③也与？”

zǐ yuē lǐ yún lǐ yún yù bó yún hū
17.11 子曰：“礼云礼云，玉帛云乎
zāi yuè yún yuè yún zhōng gǔ yún hū zāi
哉？乐云乐云，钟鼓云乎哉？”

zǐ yuē sè lì ér nèi rěn pì zhū xiǎo
17.12 子曰：“色厉而内荏④，譬诸小
rén qí yóu chuān yú zhī dào yě yú
人，其犹穿窬⑤之盗也与？”

① 兴、观、群、怨：兴，感发意志。观，考见得失。群，和而不流。怨，怨而不怒。②《周南》《召南》：《诗经》十五国风部分前两篇的篇名。③ 正墙面而立：面向墙壁站立，比喻什么也看不见。④ 厉：威严。荏：软弱。⑤ 穿窬：挖洞。

17.13 子曰："乡原①，德之贼也。"

17.14 子曰："道听而涂说，德之弃也。"

17.15 子曰："鄙夫可与事君也与哉？其未得之也，患得之；既得之，患失之。苟患失之，无所不至矣。"

17.16 子曰："古者民有三疾，今也或是之亡也。古之狂也肆②，今之狂也荡③；古之矜也廉，今之矜也忿戾④；古之愚也直，今之愚也诈而已矣。"

17.17 子曰："巧言令色，鲜矣仁。"

17.18 子曰："恶紫之夺朱也，恶郑声之乱雅乐⑤也，恶利口之覆邦家者。"

17.19 子曰："予欲无言。"子贡曰：

① 乡原：即"乡愿"，指那些与世俗同流合污、谁也不得罪的好好先生。② 肆：任意直言，不拘小节。③ 荡：放荡不羁。④ 廉：为人有棱角，严厉。忿戾：火气大，蛮横不讲理。⑤ 雅乐：正统音乐。

zǐ rú bù yán zé xiǎo zǐ hé shù yān zǐ yuē tiān
“子如不言，则小子何述焉？”子曰：“天
hé yán zāi sì shí xíng yān bǎi wù shēng yān tiān hé yán
何言哉？四时行焉，百物生焉，天何言
zāi
哉？”

rú bēi yù jiàn kǒng zǐ kǒng zǐ cí yǐ jí
17.20 孺悲①欲见孔子，孔子辞以疾。
jiāng mìng zhě chū hù qǔ sè ér gē shǐ zhī wén zhī
将命者出户，取瑟而歌，使之闻之。

zǎi wǒ wèn sān nián zhī sāng qī yǐ jiǔ
17.21 宰我问：“三年之丧，期②已久
yǐ jūn zǐ sān nián bù wéi lǐ lǐ bì huài sān nián bù
矣。君子三年不为礼，礼必坏；三年不
wéi yuè yuè bì bēng jiù gǔ jì mò xīn gǔ jì shēng
为乐，乐必崩。旧谷既没，新谷既升，
zuān suì gǎi huǒ jī kě yǐ yǐ zǐ yuē shí fú
钻燧改火，期③可已矣。”子曰：“食夫
dào yì fú jǐn yú rǔ ān hū yuē ān rǔ
稻，衣夫锦，于女安乎？”曰：“安。”“女
ān zé wéi zhī fú jūn zǐ zhī jū sāng shí zhǐ bù
安，则为之！夫君子之居丧，食旨不
gān wén yuè bú lè jū chǔ bù ān gù bù wéi yě
甘，闻乐不乐，居处不安，故不为也。

① 孺悲：鲁国人。《礼记·杂记》记载孺悲曾跟着孔子学习士丧礼。② 期：期限。③ 期：一年。

今女安，则为之！”宰我出。子曰：“予之不仁也！子生三年，然后免于父母之怀。夫三年之丧，天下之通丧也。予也有三年之爱于其父母乎？”

17.22 子曰：“饱食终日，无所用心，难矣哉！不有博弈①者乎？为之，犹贤乎已。”

17.23 子路曰：“君子尚勇乎？”子曰：“君子义以为上。君子有勇而无义为乱，小人有勇而无义为盗。”

17.24 子贡曰：“君子亦有恶乎？”子曰：“有恶：恶称人之恶者，恶居下

① 博弈：博，一种消遣之类的小游戏。弈，围棋。

liú ér shàn shàng zhě wù yǒng ér wú lǐ zhě wù guǒ gǎn
流而讪①上者，恶勇而无礼者，恶果敢

ér zhì zhě yuē cì yě yì yǒu wù hū wù
而窒②者。”曰：“赐也亦有恶乎？”“恶

jiāo yǐ wéi zhì zhě wù bú xùn yǐ wéi yǒng zhě wù jié
徼③以为知者，恶不孙以为勇者，恶讦④

yǐ wéi zhí zhě
以为直者。”

zǐ yuē wéi nǚ zǐ yǔ xiǎo rén wéi nán yǎng
17.25 子曰：“唯女子与小人为难养

yě jìn zhī zé bú xùn yuǎn zhī zé yuàn
也，近之则不孙，远之则怨。”

zǐ yuē nián sì shí ér jiàn wù yān qí
17.26 子曰：“年四十而见恶焉，其

zhōng yě yǐ
终也已。”

①讪：诽谤。②果敢而窒：果敢而固执，不知变通。窒，堵塞、不通。③徼：寻求，抄袭。④讦：攻击别人的隐私。

wēi zǐ dì shí bā

微子第十八

本篇共十一章。首先，记录评价历史人物言论五章；其次，记录齐景公待孔子一章，孔子与隐士问对三章；再者，记录鲁国受齐人女乐一章，周公给伯禽谈用人一章。

本篇主要围绕评价历史人物以及孔子展开论述。孔子评价微子、箕子、比干为仁人；认为伯夷、叔齐不降志向，不辱身份；柳下惠、少连降志辱身，说话合乎伦理，做事合乎中道；虞仲、夷逸不谈世事，清高而不知权变。孔子自谦，不以仁自许，却认为自己与伯夷、叔齐等逸民不同，能做到时中权变。孔子周游列国遇到了许多隐士，有的认为孔子是凤凰，有德行而不能施展，劝他躲避危险的社会，也有的认为孔子不从事劳动，连五谷也分不清。

孔子的与众不同，是他有一份神圣的历史责任与崇高的价值追求，这也是孔子之所以成为仁人、圣人的重要原因。面对“滔滔者天下皆是也”的无道社会，孔子完全可以降低一下自己的人生标准，或与隐者一样逃避现实，去过悠闲自得的生活，但这又能躲避多长时间躲到哪里去呢？天下还有广大的百姓，他们又能躲到哪里去呢？所以孔子怅然若失地说：“如果天下有道，我也不会与你们一起去改变这个世道了。”正如孔子弟子子路所说：“君子出来做官，只是尽道义上的责任。”这与后人所说孔子想做官有着根本不同，是对孔子的误读与贬损，乃至是以小人之心度君子之腹。

18.1 微子①去之，箕子为之奴，比干②谏而死。孔子曰：“殷有三仁焉。”

18.2 柳下惠为士师③，三黜。人曰：“子未可以去乎？”曰：“直道而事人，焉往而不三黜？枉道而事人，何必去父母之邦？”

18.3 齐景公待孔子曰：“若季氏，则吾不能；以季、孟之间待之。”曰：“吾老矣，不能用也。”孔子行。

18.4 齐人归④女乐⑤，季桓子受之，三日不朝。孔子行。

18.5 楚狂接舆⑥歌而过孔子曰：“凤

① 微子：商纣王同母哥哥，见纣王无道，离纣王而去。② 箕子、比干：都是商纣王的叔父。箕子谏纣王被囚禁，降为奴隶，箕子披发装疯而受辱。比干犯颜而谏，商纣王将其剖心而死。③ 士师：典狱官。④ 归：通“馈”，赠送。⑤ 女乐：歌姬舞女。⑥ 接舆：楚国隐士，佯装狂人。

xī fèng xī hé dé zhī shuāi wǎng zhě bù kě jiàn
兮！凤兮！何德之衰？往者不可谏，
lái zhě yóu kě zhuī yǐ ér yǐ ér jīn zhī cóng zhèng
来者犹可追①。已而！已而！今之从政
zhě dài ér kǒng zǐ xià yù yǔ zhī yán qū ér bì
者殆而！”孔子下，欲与之言。趋而辟②
zhī bù dé yǔ zhī yán
之，不得与之言。

cháng jū jié nì ǒu ér gēng kǒng zǐ guò zhī
18.6 长沮、桀溺③耦而耕，孔子过之，
shǐ zǐ lù wèn jīn yān cháng jū yuē fú zhí yú zhě wéi
使子路问津焉。长沮曰：“夫执舆者为
shuí zǐ lù yuē wéi kǒng qiū yuē shì lǔ kǒng
谁？”子路曰：“为孔丘。”曰：“是鲁孔
qiū yú yuē shì yě yuē shì zhī jīn yǐ wèn
丘与？”曰：“是也。”曰：“是知津矣。”问
yú jié nì jié nì yuē zǐ wéi shuí yuē wéi
于桀溺。桀溺曰：“子为谁？”曰：“为
zhòng yóu yuē shì lǔ kǒng qiū zhī tú yú duì yuē
仲由。”曰：“是鲁孔丘之徒与？”对曰：
rán yuē tāo tāo zhě tiān xià jiē shì yě ér shuí yǐ
“然。”曰：“滔滔者天下皆是也，而谁以
yì zhī qiě ér yǔ qí cóng bì rén zhī shì yě qǐ ruò
易之？且而与其从辟人之士④也，岂若

① 往者不可谏，来者犹可追：过去的已不能挽回，将来的还来得及补救。谏，挽回、阻止。追，补救、追及。② 辟：通“避”，躲避。③ 长沮、桀溺：隐士，真实姓名不清楚。④ 辟人之士：避开无道君主而接近有道之士的人，指孔子。辟，通“避”。

cóng bì shì zhī shì zāi yōu ér bú chuò zǐ lù
从辟世之士①哉？”耰②而不辍。子路

xíng yǐ gào fū zǐ wǔ rán yuē niǎo shòu bù kě yǔ
行以告。夫子怃然③曰：“鸟兽不可与

tóng qún wú fēi sī rén zhī tú yǔ ér shuí yǔ tiān xià
同群，吾非斯人之徒与而谁与？天下

yǒu dào qiū bù yǔ yì yě
有道，丘不与易也。”

zǐ lù cóng ér hòu yù zhàng rén yǐ zhàng hè
18.7 子路从而后，遇丈人，以杖荷

diào zǐ lù wèn yuē zǐ jiàn fū zǐ hū zhàng rén
蓧④。子路问曰：“子见夫子乎？”丈人

yuē sì tǐ bù qín wǔ gǔ bù fēn shú wéi fū zǐ
曰：“四体不勤，五谷不分，孰为夫子？”

zhí qí zhàng ér yún zǐ lù gǒng ér lì zhǐ zǐ
植其杖⑤而芸⑥。子路拱而立。止子

lù sù shā jī wéi shǔ ér sì zhī jiàn qí èr zǐ yān
路宿，杀鸡为黍而食之，见其二子焉。

míng rì zǐ lù xíng yǐ gào zǐ yuē yǐn zhě yě
明日，子路行以告。子曰：“隐者也。”

shǐ zǐ lù fǎn jiàn zhī zhì zé xíng yǐ zǐ lù yuē bú
使子路反见之。至则行矣。子路曰：“不

①辟世之士：避开整个社会的人，指隐士。②耰：播种后用土覆盖种子，也泛指耕种。③怃然：怅然，失意。④蓧：古代一种除草的竹制器具。⑤植其杖：使拐杖直立。⑥芸：耕耘，除草。

shì wú yì zhǎng yòu zhī jié bù kě fèi yě jūn chén
仕无义。长幼之节，不可废也；君臣

zhī yì rú zhī hé qí fèi zhī yù jié qí shēn ér luàn
之义，如之何其废之？欲洁其身，而乱

dà lún jūn zǐ zhī shì yě xíng qí yì yě dào zhī
大伦。君子之仕也，行其义也。道之

bù xíng yǐ zhī zhī yǐ
不行，已知之矣。”

yì mín bó yí shū qí yú zhòng yí
18.8 逸①民：伯夷、叔齐、虞仲、夷

yì zhū zhāng liǔ xià huì shào lián zǐ yuē bú
逸、朱张、柳下惠、少连②。子曰：“不

jiàng qí zhì bù rǔ qí shēn bó yí shū qí yú
降其志，不辱其身，伯夷、叔齐与！”

wèi liǔ xià huì shào lián jiàng zhì rǔ shēn yǐ yán zhòng
谓：“柳下惠、少连，降志辱身矣，言中

lún xíng zhòng lǜ qí sī ér yǐ yǐ wèi yú
伦，行中虑③，其斯而已矣。”谓：“虞

zhòng yí yì yǐn jū fàng yán shēn zhòng qīng fèi zhòng
仲、夷逸，隐居放言，身中清，废中

quán wǒ zé yì yú shì wú kě wú bù kě
权④。我则异于是，无可无不可。”

①逸：通“佚”，散失、遗弃。②虞仲、夷逸、朱张、少连：四人身世、言行不详。③言中伦，行中虑：说话合乎伦理要求，做事合乎人心。中，符合、合乎。④身中清，废中权：保持身份合乎修身高洁的要求，放弃身份合乎权变的要求。

tài shī zhì shì qí yà fàn gān shì chǔ sān fàn
18.9 大师挚适齐，亚饭干适楚，三饭
liáo shì cài sì fàn quē shì qín gǔ fāng shū rù yú hé bō
缭适蔡，四饭缺适秦①，鼓方叔入于河，播
táo wǔ rù yú hàn shào shī yáng jī qìng xiāng rù yú hǎi
鼗武②入于汉，少师③阳、击磬襄入于海。

zhōu gōng wèi lǔ gōng yuē jūn zǐ bù chí
18.10 周公谓鲁公④曰："君子不施⑤
qí qīn bù shǐ dà chén yuàn hū bù yǐ gù jiù wú dà
其亲，不使大臣⑥怨乎不以。故旧无大
gù zé bú qì yě wú qiú bèi yú yì rén
故，则不弃也。无求备于一人！"

zhōu yǒu bā shì bó dá bó kuò zhòng tū
18.11 周有八士：伯达、伯适、仲突、
zhòng hū shū yè shū xià jì suí jì guā
仲忽、叔夜、叔夏、季随、季騧⑦。

① 亚饭、三饭、四饭：都是乐官名。干、缭、缺：都是人名。② 鼗：长柄小鼓，类似于现在的拨浪鼓。武：摇鼓乐师的名字。③ 少师：乐官名。④ 鲁公：周公的儿子伯禽。⑤ 施：通"弛"，遗弃。⑥ 大臣：重要的臣属，股肱之臣。⑦ 伯达、伯适、仲突、仲忽、叔夜、叔夏、季随、季騧：此八人已不可考。

zǐ zhāng dì shí jiǔ

子张第十九

本篇共二十五章，记录的都是孔子弟子的言论。首先，记录子张言论二章，子夏门人问对子夏一章；其次，记录子夏言论九章，子游与子夏问对一章，子游言论二章；再者，记录曾子言论三章，阳肤问对曾子一章，子贡言论二章，子贡反驳时人而赞美孔子四章。

本篇主要围绕子张、子夏等弟子谈论孔子做人为政思想以及子贡赞美孔子学无常师、学识高深、德如日月，从不同侧面展现了孔子之教与孔子之德。可以说，本篇是孔子弟子谈论师从孔子“心得”的一次汇总，主要包括士人的重要品德、价值追求、交友原则、好学之方、求仁之道，以及君子对待过错、学习、做官、丧祭、孝道、民众等问题的原则，集中表现了孔子企图通过“仕而优则学，学而优则仕”的互动实现修齐治平的政治目标。

孔子一生非常坎坷，栖栖遑遑，郁郁而不得志，但是孔子对社会与人生的追求从未停止，始终饱含人生激情与希望，终生以“朝闻道，夕死可矣”的执着精神探索人间正道。其间虽有很多人不理解，乃至嘲讽与贬损，都未能让孔子止步。尤其弟子子贡更理解孔子、懂得孔子，他将孔子思想比作数仞宫墙，把孔子之德看成日月一样明亮，认为孔子像天一样高大而不可企及，断定孔子“其生也荣，其死也哀”。的确，正如子贡所言，两千多年来孔子一直是人们心目中的圣人，受到历朝历代的推崇与人们的敬仰。

zǐ zhāng yuē shì jiàn wēi zhì mìng jiàn dé
19.1 子张曰："士见危致命①，见得
sī yì jì sī jìng sāng sī āi qí kě yǐ yǐ
思义，祭思敬，丧思哀，其可已矣。"

zǐ zhāng yuē zhí dé bù hóng xìn dào bù
19.2 子张曰："执德不弘，信道不
dǔ yān néng wéi yǒu yān néng wéi wú
笃，焉能为有？焉能为亡？"

zǐ xià zhī mén rén wèn jiāo yú zǐ zhāng zǐ
19.3 子夏之门人问交②于子张。子
zhāng yuē zǐ xià yún hé duì yuē zǐ xià yuē
张曰："子夏云何？"对曰："子夏曰：
kě zhě yǔ zhī qí bù kě zhě jù zhī zǐ zhāng yuē
'可者与之，其不可者拒之。'"子张曰：
yì hū wú suǒ wén jūn zǐ zūn xián ér róng zhòng jiā shàn
"异乎吾所闻：君子尊贤而容众，嘉善
ér jīn bù néng wǒ zhī dà xián yú yú rén hé suǒ bù
而矜不能③。我之大贤与，于人何所不
róng wǒ zhī bù xián yú rén jiāng jù wǒ rú zhī hé qí jù
容？我之不贤与，人将拒我，如之何其拒
rén yě
人也？"

zǐ xià yuē suī xiǎo dào bì yǒu kě guān zhě
19.4 子夏曰："虽小道，必有可观者

① 致命：献出生命。② 交：交友之道。③ 嘉善而矜不能：褒奖有能力的也要怜惜没能耐的。嘉，赞美、褒奖。矜，怜悯、同情。

yān zhì yuǎn kǒng nì shì yǐ jūn zǐ bù wéi yě
焉；致远恐泥①，是以君子不为也。”

zǐ xià yuē rì zhī qí suǒ wú yuè wú
19.5 子夏曰：“日知其所亡，月无

wàng qí suǒ néng kě wèi hào xué yě yǐ yǐ
忘其所能，可谓好学也已矣。”

zǐ xià yuē bó xué ér dǔ zhì qiè wèn
19.6 子夏曰：“博学而笃志，切问②

ér jìn sī rén zài qí zhōng yǐ
而近思，仁在其中矣。”

zǐ xià yuē bǎi gōng jū sì yǐ chéng qí
19.7 子夏曰：“百工居肆③以成其

shì jūn zǐ xué yǐ zhì qí dào
事，君子学以致其道。”

zǐ xià yuē xiǎo rén zhī guò yě bì wén
19.8 子夏曰：“小人之过也必文④。”

zǐ xià yuē jūn zǐ yǒu sān biàn wàng zhī
19.9 子夏曰：“君子有三变：望之

yǎn rán jí zhī yě wēn tīng qí yán yě lì
俨然⑤，即之也温⑥，听其言也厉⑦。”

zǐ xià yuē jūn zǐ xìn ér hòu láo qí mín
19.10 子夏曰：“君子信而后劳其民，

wèi xìn zé yǐ wéi lì jǐ yě xìn ér hòu jiàn wèi xìn
未信则以为厉⑧己也；信而后谏，未信

① 致远恐泥：从长远看恐怕会有阻碍。泥，阻滞、不通。② 切问：切己地询问自己还未领悟之事。切，切己、切身，指从自身出发。③ 肆：古代工匠劳动的作坊。④ 小人之过也必文：小人对过错必然加以文饰。文，文饰、掩盖。⑤ 俨然：庄严，庄重。⑥ 即之也温：靠近他，觉得他温和可亲。即，靠近。温，温和。⑦ 听其言也厉：听他说话，又觉得他严厉不苟。厉，严正不苟。⑧ 厉：虐害，折磨。

zé yǐ wéi bàng jǐ yě
则以为谤己也。”

zǐ xià yuē dà dé bù yú xián xiǎo
19.11 子夏曰：“大德①不逾闲②，小
dé chū rù kě yě
德出入可也③。”

zǐ yóu yuē zǐ xià zhī mén rén xiǎo zǐ
19.12 子游曰：“子夏之门人小子，
dāng sǎ sǎo yìng duì jìn tuì zé kě yǐ yì mò yě
当洒扫、应对、进退，则可矣，抑末也。
běn zhī zé wú rú zhī hé zǐ xià wén zhī yuē
本之则无，如之何？”子夏闻之，曰：
yī yán yóu guò yǐ jūn zǐ zhī dào shú xiān chuán
“噫！言游过矣！君子之道，孰先传
yān shú hòu juàn yān pì zhū cǎo mù qū yǐ bié yǐ
焉？孰后倦焉？譬诸草木，区以别矣。
jūn zǐ zhī dào yān kě wū yě yǒu shǐ yǒu zú zhě qí
君子之道，焉可诬也？有始有卒者，其
wéi shèng rén hū
惟圣人乎！”

zǐ xià yuē shì ér yōu zé xué xué ér
19.13 子夏曰：“仕而优④则学，学而
yōu zé shì
优则仕。”

①大德：大节，与“小德”相对。②逾闲：超越界限。逾，逾越、违背。闲，栅栏，这里指界限、范围。③小德出入可也：小的生活细节有点出入是可以的。④优：有余力。

19.14 子游曰："丧致乎哀而止。"

19.15 子游曰："吾友张也，为难能也，然而未仁。"

19.16 曾子曰："堂堂①乎张也，难与并为仁矣。"

19.17 曾子曰："吾闻诸夫子：人未有自致②者也，必也亲丧乎！"

19.18 曾子曰："吾闻诸夫子：孟庄子③之孝也，其他可能也；其不改父之臣与父之政，是难能也。"

19.19 孟氏使阳肤④为士师，问于曾子。曾子曰："上失其道，民散久矣。如得其情，则哀矜而勿喜。"

① 堂堂：容貌之盛，仪表堂堂。② 致：尽其极。③ 孟庄子：即仲孙速，事鲁襄公。其父是孟献子，即仲孙蔑。④ 阳肤：曾子的学生。

zǐ gòng yuē zhòu zhī bú shàn bù rú
19.20 子贡曰：“纣①之不善，不如
shì zhī shèn yě shì yǐ jūn zǐ wù jū xià liú tiān xià zhī
是之甚也。是以君子恶居下流，天下之
è jiē guī yān
恶皆归焉。”

zǐ gòng yuē jūn zǐ zhī guò yě rú rì
19.21 子贡曰：“君子之过也，如日
yuè zhī shí yān guò yě rén jiē jiàn zhī gēng yě rén jiē
月之食焉：过也，人皆见之；更也，人皆
yǎng zhī
仰②之。”

wèi gōng sūn cháo wèn yú zǐ gòng yuē zhòng
19.22 卫公孙朝③问于子贡曰：“仲
ní yān xué zǐ gòng yuē wén wǔ zhī dào wèi zhuì
尼焉学？”子贡曰：“文武之道，未坠④
yú dì zài rén xián zhě shí qí dà zhě bù xián zhě
于地，在人。贤者识⑤其大者，不贤者
shí qí xiǎo zhě mò bù yǒu wén wǔ zhī dào yān fū zǐ yān
识其小者，莫不有文武之道焉。夫子焉
bù xué ér yì hé cháng shī zhī yǒu
不学？而亦何常师之有？”

shū sūn wǔ shū yù dà fū yú cháo yuē zǐ
19.23 叔孙武叔⑥语大夫于朝，曰：“子
gòng xián yú zhòng ní zǐ fú jǐng bó yǐ gào zǐ gòng zǐ
贡贤于仲尼。”子服景伯以告子贡。子

① 纣：殷朝末代君主，名辛，字受，周武王伐纣时自焚而死。历来被认为是暴君。② 仰：仰望，敬仰。③ 卫公孙朝：卫国大夫。④ 坠：落，引申为失传。⑤ 识：记住，了解。⑥ 叔孙武叔：鲁国大夫，名州仇。

gòng yuē pì zhī gōng qiáng cì zhī qiáng yě jí jiān kuī
贡曰：“譬之宫墙，赐之墙也及肩，窥
jiàn shì jiā zhī hǎo fū zǐ zhī qiáng shù rèn bù dé qí
见室家之好。夫子之墙数仞①，不得其
mén ér rù bú jiàn zōng miào zhī měi bǎi guān zhī fù dé
门而入，不见宗庙之美，百官之富。得
qí mén zhě huò guǎ yǐ fū zǐ zhī yún bú yì yí hū
其门者或寡矣。夫子之云，不亦宜乎！”

shū sūn wǔ shū huǐ zhòng ní zǐ gòng yuē wú
19.24 叔孙武叔毁仲尼。子贡曰：“无
yǐ wéi yě zhòng ní bù kě huǐ yě tā rén zhī xián zhě
以为②也！仲尼不可毁也。他人之贤者，
qiū líng yě yóu kě yú yě zhòng ní rì yuè yě wú
丘陵也，犹可逾也。仲尼，日月也，无
dé ér yú yān rén suī yù zì jué qí hé shāng yú rì
得而逾焉。人虽欲自绝，其何伤于日
yuè hū duō jiàn qí bù zhī liàng yě
月乎？多见其不知量也。”

chén zǐ qín wèi zǐ gòng yuē zǐ wéi gōng yě
19.25 陈子禽谓子贡曰：“子为恭也，
zhòng ní qǐ xián yú zǐ hū zǐ gòng yuē jūn zǐ yì
仲尼岂贤于子乎？”子贡曰：“君子一
yán yǐ wéi zhì yì yán yǐ wéi bú zhì yán bù kě bú shèn
言以为知，一言以为不知，言不可不慎
yě fū zǐ zhī bù kě jí yě yóu tiān zhī bù kě jiē ér
也。夫子之不可及也，犹天之不可阶而

① 仞：古代长度单位，七尺或八尺为一仞。② 无以为：不要这样做。

shēng yě fū zǐ zhī dé bāng jiā zhě suǒ wèi lì zhī
升也。夫子之得邦家①者，所谓立之

sī lì dǎo zhī sī xíng suí zhī sī lái dòng zhī sī
斯立，道之斯行，绥②之斯来，动之斯

hé qí shēng yě róng qí sǐ yě āi rú zhī hé qí
和③。其生也荣，其死也哀，如之何其

kě jí yě
可及也？”

① 邦家：封国和采邑。② 绥：安抚。③ 和：同心协力。

yáo yuē dì èr shí

尧曰第二十

本篇共三章。首先，记录了尧、舜等先圣先王遗训以及孔子对三代以来政治美德的论述一章；其次，孔子回答弟子子张问从政一章；再者，记录孔子论述一章。

本篇主要围绕先圣先王的遗训以及三代以来的政治美德展开论述，概要讲述了先圣先王治国理政的主要经验做法。如秉持中庸之道、重视教化民众、审定度量衡与礼乐制度，以及仁爱百姓、取信于民、勤于政事、举贤任能、复兴灭亡国家等。并且，孔子对子张问如何从政给予“尊五美，屏四恶”的详细回答。

孔子生逢乱世，以改变礼坏乐崩的现实社会、建构天下大同的理想社会为人生夙愿。他提倡为政以德，主张修身为政，尤其希望为政者做一个“知天命”的君子，肩负起改变无道天下的历史使命与崇高责任，做到知礼修身、知言知人，做到政者正也、举贤任能，实现修齐治平的人生目标与价值追求。

yáo yuē zī ěr shùn tiān zhī lì shù
20.1 尧曰：“咨①！尔舜！天之历数②

zài ěr gōng yǔn zhí qí zhōng sì hǎi kùn qióng tiān
在尔躬③，允执其中④。四海困穷，天

lù yǒng zhōng shùn yì yǐ mìng yǔ yuē yǔ xiǎo zǐ
禄永终⑤。”舜亦以命禹。曰：“予小子

lǚ gǎn yòng xuán mǔ gǎn zhāo gào yú huáng huáng hòu
履⑥，敢用玄牡⑦，敢昭告于皇皇后

dì yǒu zuì bù gǎn shè dì chén bú bì jiǎn zài dì
帝：有罪不敢赦。帝臣不蔽⑧，简⑨在帝

xīn zhèn gōng yǒu zuì wú yǐ wàn fāng wàn fāng yǒu zuì
心。朕躬有罪，无以万方；万方有罪，

zuì zài zhèn gōng zhōu yǒu dà lài shàn rén shì fù suī
罪在朕躬。”周有大赉⑩，善人是富。“虽

yǒu zhōu qīn bù rú rén rén bǎi xìng yǒu guò zài yú
有周亲，不如仁人。百姓有过，在予

yì rén jǐn quán liàng shěn fǎ dù xiū fèi guān sì
一人。”谨权量，审法度，修废官⑪，四

fāng zhī zhèng xíng yān xīng miè guó jì jué shì jǔ yì
方之政行焉。兴灭国，继绝世，举逸

① 咨：感叹词。② 历数：指帝王继承的次序。③ 尔躬：你身上。④ 允执其中：要执行中庸之道。允，诚实、不欺。⑤ 天禄永终：有两种解释。一是为天禄长期存在，二是天禄永绝。按照朱熹的说法，前者比较能反映文章的原意。⑥ 履：商汤名。⑦ 敢用玄牡：用黑色公牛为牺牲祭告于天。⑧ 帝臣不蔽：帝，上帝、上天。臣，帝王，帝王都是上天的儿子，这里指汤。蔽，隐瞒。⑨ 简：简察，知道。⑩ 赉：赏赐，此处指大封诸侯。⑪ 谨权量，审法度，修废官：谨慎地制定度量衡的标准，审定礼乐制度，整顿废弃职守的官府工作。权，称。量，斗斛。法度，有两种理解——一种认为指量长度的标准，一种认为指礼乐制度，今取后者。

mín tiān xià zhī mín guī xīn yān suǒ zhòng mín shí
民①，天下之民归心焉。所重：民、食、

sāng jì kuān zé dé zhòng xìn zé mín rèn yān mǐn zé yǒu
丧、祭。宽则得众，信则民任焉，敏则有

gōng gōng zé yuè
功，公则说。

zǐ zhāng wèn yú kǒng zǐ yuē hé rú sī kě
20.2 子张问于孔子曰：“何如斯可

yǐ cóng zhèng yǐ zǐ yuē zūn wǔ měi bǐng sì
以从政矣？”子曰：“尊五美，屏②四

è sī kě yǐ cóng zhèng yǐ zǐ zhāng yuē hé wèi wǔ
恶，斯可以从政矣。”子张曰：“何谓五

měi zǐ yuē jūn zǐ huì ér bú fèi láo ér bú
美？”子曰：“君子惠而不费③，劳而不

yuàn yù ér bù tān tài ér bù jiāo wēi ér bù
怨④，欲而不贪⑤，泰而不骄⑥，威而不

měng zǐ zhāng yuē hé wèi huì ér bú fèi zǐ
猛⑦。”子张曰：“何谓惠而不费？”子

yuē yīn mín zhī suǒ lì ér lì zhī sī bú yì huì ér
曰：“因民之所利而利之，斯不亦惠而

bú fèi hū zé kě láo ér láo zhī yòu shuí yuàn yù rén
不费乎？择可劳而劳之，又谁怨？欲仁

① 兴灭国，继绝世，举逸民：复兴被灭亡的国家，承继已断绝的后代，提拔埋没的人才。② 屏：摒弃，排除。③ 惠而不费：施惠于民，又不费于财。④ 劳而不怨：使民劳苦但不引起怨恨。⑤ 欲而不贪：这是孔子评价一个人是否为君子的重要标准。他认为一个人如果欲望很多又不能自我节制，是很难具有仁的修养的。⑥ 泰而不骄：安泰矜持却不骄横。⑦ 威而不猛：仪表威严但不凶猛。

ér dé rén yòu yān tān jūn zǐ wú zhòng guǎ wú xiǎo
而得仁，又焉贪？君子无众寡，无小
dà wú gǎn màn sī bú yì tài ér bù jiāo hū jūn zǐ
大，无敢慢，斯不亦泰而不骄乎？君子
zhèng qí yī guān zūn qí zhān shì yǎn rán rén wàng ér wèi
正其衣冠，尊其瞻视，俨然人望而畏
zhī sī bú yì wēi ér bù měng hū zǐ zhāng yuē
之，斯不亦威而不猛乎？”子张曰：
hé wèi sì è zǐ yuē bú jiào ér shā wèi zhī
“何谓四恶？”子曰：“不教而杀谓之
nüè bú jiè shì chéng wèi zhī bào màn lìng zhì qī
虐①；不戒视成②谓之暴；慢令致期③
wèi zhī zéi yóu zhī yǔ rén yě chū nà zhī lìn wèi
谓之贼；犹之与人④也，出纳⑤之吝谓
zhī yǒu sī
之有司⑥。”

kǒng zǐ yuē bù zhī mìng wú yǐ wéi jūn zǐ
20.3 孔子曰：“不知命，无以为君子
yě bù zhī lǐ wú yǐ lì yě bù zhī yán wú yǐ zhī rén
也。不知礼，无以立也。不知言，无以知人
yě
也。”

① 不教而杀谓之虐：不进行教化便杀戮叫作虐。这里孔子告诫统治者要教化在先，对那些教化不起作用的人再用刑罚。② 不戒视成：不先加告诫，就要成绩。③ 慢令致期：命令下得晚，却限期完成。指缓于前而急于后。④ 犹之与人：同样是给人。犹之，同样。与，给予。⑤ 出纳：本意指财物的付出和收入，这里指给予、给出。⑥ 有司：古代负责具体事务的小官。

参考文献

[1] 陈来、王志民主编:《论语解读》,齐鲁书社,2022 年。
[2] 程树德撰,程俊英、蒋见远点校:《论语集释》,中华书局,2019 年。
[3] 方骥龄:《论语新诠》,台湾中华书局,1978 年。
[4] [南朝梁] 皇侃疏:《论语集解义疏》,广文书局,1991 年。
[5] 黄怀信:《论语新校释》,三秦出版社,2006 年。
[6] 蒋沛昌注释:《论语今释》,岳麓书社,1999 年。
[7] 康有为:《论语注》,中华书局,1984 年。
[8] 李学勤主编:《论语注疏》,北京大学出版社,1999 年。
[9] 李泽厚:《论语今读》,生活·读书·新知三联书店,2004 年。
[10] [清] 刘宝楠:《论语正义》,中华书局,1990 年。
[11] 南怀瑾:《论语别裁》,复旦大学出版社,2006 年。
[12] 钱穆:《论语新解》,生活·读书·新知三联书店,2002 年。
[13] 钱逊:《论语浅解》,北京古籍出版社,1988 年。
[14] 钱逊注释:《论语诵读本》,中华书局,2020 年。
[15] 杨伯峻译注:《论语译注》,中华书局,1980 年。
[16] 杨朝明主编:《论语诠解》,山东友谊出版社,2013 年。
[17] [宋] 朱熹:《四书章句集注》,中华书局,1983 年。